www.ingramcontent.com/pod-product-compliance
Lightning Source LLC
LaVergne TN
LVHW010434070526
838199LV00066B/6019
9789358726909

فکشن کتب پر کچھ تبصرے

مرتبہ:
ظفر اقبال

© Zafar Iqbal

Fiction kutub par kuch tabsire *(Books Reviews)*

by: Zafar Iqbal

Edition: September '2024
Publisher :
Taemeer Publications LLC (Michigan, USA / Hyderabad, India)

ISBN 978-93-5872-690-9
9 789358 726909

مرتب یا ناشر کی پیشگی اجازت کے بغیر اس کتاب کا کوئی بھی حصہ کسی بھی شکل میں بشمول ویب سائٹ پر
اَپ لوڈنگ کے لیے استعمال نہ کیا جائے۔ نیز اس کتاب پر کسی بھی قسم کے تنازع کو نمٹانے کا اختیار
صرف حیدرآباد (تلنگانہ) کی عدلیہ کو ہوگا۔

© ظفر اقبال

کتاب	:	**فکشن کتب پر کچھ تبصرے**
مرتب	:	**ظفر اقبال**
پروف ریڈنگ / تدوین	:	مکرم نیاز
صنف	:	تنقید و تبصرہ
ناشر	:	تعمیر پبلی کیشنز (حیدرآباد، انڈیا)
سالِ اشاعت	:	۲۰۲۴ء
صفحات	:	٦٦
سرورق ڈیزائن	:	تعمیر ویب ڈیزائن

فہرست

(۱) عطیہ ربانی کا ناول "زندگی ذرا ٹھہرو"	روبیہ مریم روبی	6
(۲) منتخب افسانے پر کچھ تاثرات	ممتاز شیریں	10
(۳) نورین عامر کا ناول "راستی کا راستہ"	قانتہ رابعہ	17
(۴) ٹھنڈی ہوا کا جھونکا: عطیہ ربانی کا ناول	کرنل اشفاق حسین	21
(۵) سائنسی جنگل کہانی: تسنیم جعفری کی کتاب	انگبین عُروج	24
(۶) ناول "انتخاب" از ماہم جاوید	پروفیسر خالدہ پروین	33
(۷) ماہم جاوید کا ناول "انتخاب"	دانیال حسن چغتائی	37
(۸) مہوش اسد شیخ کے افسانوں کا مجموعہ "آئینے کے پار"	اریبہ عائش	41
(۹) گونگے لمحے (گفتگو کرتے ہیں): شفا چوہدری کے افسانے	قانتہ رابعہ	44
(۱۰) ناول "لمحوں کی دھول" از رباب عائشہ	قانتہ رابعہ	48
(۱۱) قانتہ رابعہ کی کتاب: اک سفر جو تمام ہوا	مہوش اسد شیخ	52
(۱۲) دھندلے عکس ناول از کرن عباس کرن	پروفیسر خالدہ پروین	55
(۱۳) کرن عباس کرن کا ناول دھندلے عکس	محمد شاہد محمود	63

عطیہ ربانی کا ناول "زندگی ذرا ٹھہرو"

روبیہ مریم روبی

"زندگی ذرا ٹھہرو" معروف ناول نگار عطیہ ربانی صاحبہ کا تحریر کردہ ناول ہے جس کی اشاعت حال ہی میں پریس فار پیس نے کی ہے۔سید ابرار گردیزی صاحب نے اس کتاب کا سرورق ولے آؤٹ تیار کیا ہے۔قیمت 1200 ہے۔صفحات کی تعداد 175 ہے۔

اس ناول کا انتساب مصنفہ نے ڈاکٹر صوفی فیلے اور کچھ ایسے حقیقی کرداروں کے نام کیا ہے، جنہوں نے زندگی میں انہیں تحریک دی، آگے بڑھنے کا حوصلہ دیا اور اپنے افکار اور تربیت سے ان کی زندگی میں علم و آگہی کی روشنی بھر دی۔

علاوہ ازیں ناول کے شروع میں ناول کی اشاعت کا پس منظر بیان کیا گیا ہے۔مصنفہ کے بقول ایک باکردار شخصیت سے متاثر ہو کر اس ناول کی بُنیاد رکھی گئی ہے۔اس ناول کی مدد سے قاری کو مستشرقین (جو لوگ قرآن پر تنقید کرنے کی غرض سے اس بابرکت کتاب کا مطالعہ کرتے ہیں۔) کو سمجھنے اور ان کی قرآنِ کریم کی وجہ سے بدلتی زندگی کے بارے میں سمجھنے کا موقع ملے گا۔اس لحاظ سے یہ ناول اپنے آپ میں ایک منفرد اور انوکھا ناول ہے جسے مصنفہ نے اپنے غائر مشاہدے سے لکھا ہے۔ان کے نزدیک اس کا مرکزی خیال اسلام سے متاثر ہوتے کرداروں کے گرد گھومتا ہے البتہ یہ ایک ایسا ناول ہے جو مسلم اُمّہ کو اسلام کو سمجھنے کے لیے بھرپور تحریک دے گا۔اس کتاب پر جناب اشفاق

حسین نے مختصر مگر پر اثر دیباچہ لکھا ہے۔ اس کے بعد ناول کا آغاز درج ذیل نظم سے ہوتا ہے۔

"بزلہ سنج
خوش گفتار
مسکراتی آنکھیں
جن میں اکثر اداسی چھلکتی
شاید کبھی نمی بھی رہتی
مگر کمال مہارت کہ
ہمیشہ مسکراہٹ کے غلاف میں لپٹی۔
اپنے مقابل کو۔۔۔
خوبی سے دھوکے میں رکھتیں۔۔۔"

اس نظم کا خُمار پوری کتاب پر نظر آتا ہے۔ اگر یہ کہا جائے کہ یہی نظم پورے ناول کا تھیم ہے تو بے جا نہیں۔ یہ کچھ ایسے کرداروں کی کہانی ہے جو مختلف مذاہب سے تعلق رکھتے ہیں مگر آپس میں محبت کرتے ہیں۔ ایک ایسا کردار نائل بھی ہے جو مسلمان لڑکی سے سچی محبت کرتا ہے اور محبت کی خاطر اپنا مذہب بدل کر اسے حاصل کر لیتا ہے۔ جب یہ بات آشکار ہوتی ہے کہ وہ مسلمان نہیں ہوا تو اس کی مسلمان بیوی اس پر حملہ کر کے اسے شدید زخمی کر دیتی ہے۔ تقریباً دس سال کی جدائی کے بعد دوبارہ ملتے ہیں۔ کیسے ملتے ہیں؟ یہ تجسس ختم کرنے کے لیے تو یہ کتاب ہی پڑھی جا سکتی ہے۔

کہانی میں تجسس اور حسین موڑ آئے ہیں۔ جن کا آغاز تو غم سے ہوا مگر اختتام کبھی غم اور کبھی خوشی پر۔ بس یہی نام ہے زندگی کا۔ نائل ناول کا مرکزی کردار ایک مسلمان

لڑکی کی محبت میں گرفتار ہے اور اس کے دوست احباب اس کو مسلمان لڑکی سے شادی نہ کرنے کا مشورہ دیتے ہیں۔ وہ اکثر اپنے دل میں اُٹھنے والے سوالات کے جواب اپنی دوست سے لیتا ہے۔ وہ لڑکی اس غیر مسلم کے تمام سوالوں کا جواب دلائل سے دے کر اس کا دل بھی ایمان سے بھر دیتی ہے۔ ان سب سوالوں کے جواب۔۔۔ جن چیزوں کو لے کر وہ یا اس کے دوست اسلام پر شک کرتے تھے۔ مسلمان لڑکی ہمیشہ اسلامی قوانین کی پاسداری کرتی ہے۔ غیر مسلموں کے سامنے مسلم اقدار کو بیان کرتی ہے۔ وہ ایک پکی اور سچی مسلمان خاتون ہے۔ وہ ہمیشہ اسلام کا پرچار کرتی ہے۔ یہاں مصنفہ کی طبیعت کے بہت سے رنگ واضح ہوتے ہیں۔

کبھی ایک عالمِ دین کہ طرح غیر مسلموں کے سامنے ناصحانہ واعظ کرتی ہیں تو کبھی ایک ڈاکٹر کی طرح سامنے بیٹھے لوگوں کی مسیحائی کرتی ہیں۔ وہ غیر مسلم، ناسمجھ اور اسلام سے عاری لوگوں کو ایسے اسلام کی تعلیم دیتی ہیں، لگتا ہے جیسے کسی اوّل جماعت کے بچے کو کلاس میں کچھ سمجھا رہی ہیں۔ مثلاً وضو کے فرائض کو بہت سلیقے اور وضاحت سے بیان کیا ہے۔ تاکہ سامنے والے کو کوئی شک وشبہ نہ رہے۔ وہ اس میں کامیاب وکامران نظر آتی ہیں۔

ناول میں دو تہذیبوں کے تصادم اور ملاپ کو بھی موضوعِ بحث بنایا گیا ہے۔ کچھ جلد بازی میں جذباتی فیصلے کر بیٹھتے ہیں۔ تو اس کا خمیازہ نوجوان نسل کو بھگتنا پڑتا ہے۔ مثلاً کم عمری میں شادی کرنا۔ مصنفہ نے اس سماجی قبیح روایت پر بہت ہی منفرد اور پُر اثر انداز میں قلم اٹھا کر کم عمری کی شادی کے نقصان بتا دیے ہیں۔ اسلام کی رُو سے عورتوں کے حقوق کو جس طرح سے اس کہانی میں بیان کیا گیا، گویا بات سیدھی دل میں اترتی ہے۔ مشرقی معاشرہ بِلاشبہ آزاد ہو مگر اس کے قوانین قدرت کے تابع ہیں، یعنی مشرقی

باشندے کو معلوم ہے کہ میرا کوئی اور بھی حساب کتاب کرنے والا ہے مگر مغرب اس قانون سے عاری ہے۔ اس کی آزادی کا مطلب ہے کہ انسان خود مختار ہے۔ جو چاہے کر سکتا ہے۔ قدرت یا خدا کا تصور نہیں۔

ناول میں دو تہذیبوں کا تصادم صاف نظر آرہا ہے جو بظاہر ایک ساتھ ہیں مگر دونوں کی اقدار، روایات اور ترجیحات الگ ہیں۔

پھر مصنفہ نے تہذیبوں کے شادی سے متعلق افکار کو بھی کرداروں کے ذریعے دلچسپ اور دل موہ لینے والے انداز میں بیان کیا ہے۔ ایسا لگتا ہے جیسے ہر بات قلب و ذہن پر نقش ہوتی جا رہی ہے، اس ناول میں مغربی ممالک میں آباد لوگوں ں سمیت ہر مسلمان کے لیے اس کتاب میں اسلام اور اسلامی اقدار سے متعلق معلومات کا ایسا ذخیرہ موجود ہے کہ جس سے آنے والی کئی نسلوں کی اچھی تربیت کی جا سکتی ہے۔

مصنفہ نے اسلام کی تعلیمات کو قاری تک ایک دلچسپ طریقے اور سلیقے سے پہنچانے کی بھرپور کوشش کی ہے۔ اللہ تعالیٰ ان کی کاوش کو قبول فرمائے اور ان کے لیے اس ناول کو صدقہ جاریہ بنائے۔

٭٭٭

"منتخب افسانے" پر کچھ تاثرات

ممتاز شیریں (دوحہ، قطر)

پریس فار پیس پبلیکیشنز کی طرف سے شائع ہونے والا شاہکار "منتخب افسانے" کی اعزازیہ کاپی مجھے قطر موصول ہوگئی۔ 2023 میں جب پریس فار پیس پبلیکیشنز نے عالمی مقابلہ افسانہ نگاری کا اعلان کیا تو نجانے کیا جی میں آئی اور ہم نے بھی اپنا ایک افسانہ انہیں روانہ کر دیا۔ اور شومئ قسمت کہ ہمارا افسانہ بھی عالمی افسانہ نگاری کے مقابلے میں منتخب ہو کر شاملِ کتاب ہوا۔

کُو بہ کُو پھیل گئی بات شناسائی کی
اس نے خوشبو کی طرح میری پزیرائی کی

میں نے کبھی نہیں سوچا تھا کہ میرا افسانہ عالمی افسانہ نگاری میں منتخب ہو کر یہاں تک پہنچ جائے گا۔ اور اس کے لیے میں سب سے پہلے پریس فار پیس پبلیکشنز کے ڈائریکٹر پروفیسر ظفر اقبال صاحب کی شکر گزار ہوں۔ بلاشبہ وہ گڈری میں سے لعل نکالنے کے فن سے بخوبی واقف ہیں ورنہ موافق ہوا

ماحول، سہارا دینے کو کوئی دیوار اور کندھے پر ایک عدد تھپکی دینے والا ہاتھ میسر نہیں ہو تو واقعہ یہ ہے کہ کچھ وقت بعد زرخیز ترین زمین بھی بنجر بن جاتی ہے۔

اور اگر موافق ہوا، ماحول، ستائش بھرا ایک جملہ اور شانے پر ایک تھپکی میسر

آ جائے تو کچھ وقت بعد بنجر بیابان بھی زرخیز ہریالی بھرا منظر پیش کرنے لگتا ہے۔

ہم انسان بھی زمین کی خاصیت سے کچھ خاص مختلف نہیں ہوتے ہیں۔

ہم مختلف خداداد صلاحیتیں لے کر پیدا ضرور ہوتے ہیں مگر یہ صلاحیتیں پھلتی پھولتی تب ہی ہیں جب انہیں موافق ماحول میسر کیا جائے۔ وگرنہ کتنے ہی غالب وارسطو، رازی وغزالی اور نیوٹن وپکاسو تمام تر خداداد صلاحیتیں رکھنے کے باوجود مصائب زندگانی، معاشرتی جبر اور غم روزگار میں گم ہو جاتے ہیں۔ کھلنے سے پہلے ہی مرجھا جاتے ہیں۔

بیشمار ہیں جنہیں مناسب ماحول، قدردان لوگ کبھی مل ہی نہ سکے، لاتعداد ہیں جن کے فن کو بے قدری زمانہ نے کچل ڈالا اور انگنت ہیں جنہیں ان کی اصل شخصیت سے بھٹکا کر کچھ اور بننے پر مجبور کر دیا گیا۔ مثلاً پیدا اقبال و میر کی صلاحیت ورجحان لے کر ہوئے تھے مگر معاشرے کی بے قدری، افتادِ زمانہ اور ایک تھپکی دینے والا ہاتھ میسر نہ آنے کی وجہ سے صلاحتیں اپنے اندر آپ ہی دم توڑ گئیں

حقیقت تو یہ ہے کہ۔۔!

"ذرا نم ہو تو یہ مٹی بڑی زرخیز ہے ساقی"

اور اس وقت میں پروفیسر ظفر اقبال صاحب جس طرح لکھنے والوں کا خیال رکھتے ہیں انہیں ڈھونڈ کر ان کی حوصلہ افزائی کرکے تراش خراش کر نک سک سے سنوار کر اپنے قارئین تک پہنچاتے ہیں۔۔ان سے میری ملاقات تو نہیں ہوئی ہے لیکن مختلف سوشل میڈیائی زرائع سے اردو ادب، افسانہ نگاری اور کتابوں کی اشاعت کے لیے ان کی لگن و محنت دیکھ کر مجھے مشہور شاعر و ادیب آل احمد سرور کی کہی ہوئی ایک نظم "مرد درویش" کے چند اشعار یاد آتے ہیں۔

"زمانہ جس کی تلاش میں تھا یہی ہے وہ مرد دانا

نگاہ جس کی ہے عارفانہ، مزاج جس کا ہے قلندرانا
وہ جس کے ایثار بیکراں کا ہے معترف آج زمانہ
جلال بھی ہے، جمال بھی ہے، یہ شخصیت کا کمال بھی ہے"

پریس فار پیس تین ممالک سے کتب شائع کرنے والا اشاعتی ادارہ ہے۔اس ادارے کی طرف سے "منتخب افسانے" کے بھی پاکستان و انڈیا سے دو ایڈیشن شائع کیے گئے ہیں۔ کتاب کا سرورق، کتاب کا انتساب، کتاب کا پیش لفظ اور کتاب کے اندر شامل کے گئے تمام افسانے نگینے میں موتی کی طرح جڑے ہوئے ہیں۔

"چھپی ہے ان گنت چنگاریاں لفظوں کے دامن میں
ذرا پڑھنا افسانے کی یہ کتاب آہستہ آہستہ"

"منتخب افسانے "پڑھنے والوں کو میرا مشورہ ہے کہ اپنے دل کو تھام کر رکھیں اور سب کام کاج ختم کرنے کے بعد اس کتاب کو ہاتھ میں اٹھائیں۔

کیونکہ اس کے ابتدائی صفحات ہی قاری کو اپنے سحر میں جکڑ لیتے ہیں اور پھر اختتام کب ہو اندازہ ہی نہیں ہو پاتا ہے۔۔ عرض ناشر میں قرۃ العین عینی دلچسپ و دلفریب انداز میں قارئین کو کتاب کو آگے پڑھنے کے لیے اپنے الفاظ کے زیر اثر لاتی ہیں اور اس سحر میں جکڑا قاری صفحے پر صفحہ پلٹتا چلا جاتا ہے۔ ہر افسانہ منفرد ہے اور ہر عنوان جداگانہ حیثیت رکھتا ہے۔ "منتخب افسانے "میں مجموعی طور پر 23, افسانے شامل کیئے گئے ہیں صفحات کی تعداد 198 ہیں اور ہر افسانے کا عنوان خود اپنے اندر ایک افسانہ سموئے ہوئے ہے۔

"کبھی آنکھیں کتاب میں گم ہیں
کبھی گم ہے کتاب آنکھوں میں"

ایک انگریز مصنف کا قول ہے کہ۔۔۔!

"کسی عمدہ کتاب کو جب میں پہلی بار پڑھتا ہوں

تو مجھے ایک نیا دوست ملنے کے برابر خوشی ہوتی ہے

اور جب پڑھی ہوئی کتاب کو دوبارہ پڑھتا ہوں

تو کسی دیرینہ دوست سے ملنے کا لطف آتا ہے

(آلیور گولڈ اسمتھ)

کا" شمع و قیدی ہے"۔۔رات، اندھیرا، آگہی، روشنی اور فکر کے دیئے جلاتی یہ کہانی ہر با شعور انسان کے اندر کی کہانی لگی۔پہلا افسانہ گوجر نوالہ سے اقرا یانس صاحبہ

"ہم میں رہتا ہے کوئی شخص ہمارے جیسا

بجھ بجھا جاتا ہے یہ بجھتی ہوئی رات کے ساتھ

دل ہمارا ابھی ہے قسمت کے ستارے جیسا۔"

"اَن "سید عاطف کاظمی چکوال کی دل کو چھوتی ہوئی معاشرتی و طبقاتی فرق کو اجاگر کرتی آج کے دور کا ایک المیہ اور کڑوا سچ۔۔۔!

"کچھ ایسے مناظر بھی گزرتے ہیں نظر سے

جب سوچنا پڑتا ہے خدا ہے کہ نہیں ہے؟

آجاؤ گے اِک روز جو حالات کی زد میں

ہو جائے گا معلوم خدا ہے کہ نہیں ہے۔۔!"

تیسرا افسانہ ڈاکٹر محمد شعیب خان کا ٹیکسلا۔پاکستان سے لکھا گیا" ہجرت " ہے۔ بلاشبہ کتنی عجیب بات ہے رات کو گناہ اور عبادت دونوں کے لئے یکساں طور پر موزوں سمجھا جاتا ہے، ایک کو یہ مان کہ خدا اسے دیکھ رہا ہے۔۔دوسرے کو یہ گمان کہ اس وقت

خدا سو رہا ہو گا۔۔۔ گناہ اور بدی چونکہ آپ کے اپنے پاؤں کے کلہاڑے اور اپنے ہاتھوں کے جمع کردہ جہنم کے انگارے ہیں۔ اس لئے آپ کو زخم کی ٹیس یا آگ کی تپش محسوس نہیں ہوتی۔

ڈاکٹر محمد شعیب صاحب کی "ہجرت" میں بھی ایک اجلے تن کے ساتھ میلے من والا یہ کردار اپنے پے درپے ادا کیے گئے عمروں اور حج میں طواف کے ہر ہر چکر کا شمار رکھنے اور اللہ سے اپنے تئیں خفیہ لین دین رکھنے والا ایک گھناؤنا کردار ہے جو کہ پوری بستی کے پاپیوں پر اکیلے بھاری پڑ جاتا ہے۔

"یہ کیسی ہجرتیں ہیں موسموں میں
پرندے بھی نہیں ٹھہرتے گھونسلوں میں"

"ادھوری تخلیق" کو بھارت سے عظمت اقبال کے قلم نے لکھا ہے۔۔ بے شک خدا کے سوا ہر تخلیق ادھوری ہے

منظر بھوپالی کے الفاظ میں۔۔۔!

"کوئی تخلیق ہو خونِ جگر سے جنم لیتی ہے
کہانی لکھ نہیں سکتے کہانی مانگنے والے۔"

پڑوسی ملک بھارت سے ہی "احمد نعیم صاحب" کی "انجام کی تلاش" شامل اشاعت کی گئی ہے۔ یہ دنیا مداری کا ایک تماشا ہی تو ہے۔ برسوں سے یہ کھیل جاری ہے اور شائد برسوں تک جاری رہے گا۔ جب تک تماش بین جمع ہوتے رہیں گے مداری اپنی ڈگڈگی یونہی بجاتا رہے گا سانپ اور نیولے کی لڑائی کبھی نہیں ہو گی کیونکہ یہ تو صرف مداریوں کی تجوری بھرنے کی ایک چال ہے۔ وقت اور موسم کے ساتھ صرف رنگ تبدیل ہوتے رہیں گے۔

" چھن چھن چھن چھن ناچے دنیا

جیسے مداری چاہے نچائے"

" کتے "عبد الرحمٰن اختر بھارت " سے لیکر آئے ہیں۔

ہندو اور مسلم دو نظریاتی قوم پر لکھا گیا افسانہ ہے۔" منتخب افسانے" میں مرتبین نے مزکورہ بالا تبصرے کیے گئے افسانوں کے ساتھ مزید 17, افسانے شامل کئیے ہیں۔ ارادہ تمام افسانوں پر تبصرے کا تھا لیکن تحریر کی طوالت اور وقت کی کمی کے باعث مختصراً ابتدائی صرف چھ افسانوں پر تبصرہ کر پائی ہوں لیکن کتاب میں شامل تمام افسانے ہی اپنی مثال آپ ہیں۔

منتخب افسانے اپنے کینوس پر بہت سے موضوعات کو سمیٹے ہوئے ہے۔ ہر افسانہ تجسس و تحیر سے بھر پور ہے۔ جو قاری کو آغاز سے انجام تک اپنی گرفت میں جکڑے رکھتا ہے۔ میرا لکھا ہوا افسانہ " امید کی موت " بھی حقیقت پر مبنی ایک تلخ فسانہ ہے جس کا سامنا کم و بیش ہجرت کے وقت ہر کسی کے حصے میں آیا۔

"مٹی کی محبت میں ہم آشفتہ سروں نے

وہ قرض اتارے ہیں کہ واجب بھی نہیں تھے۔"

" منتخب افسانے "اب آپ لوگوں کے ہاتھوں میں ہے۔ اسے پڑھیں اور دوسروں کو بھی پڑھوائیں۔ کتاب "منتخب افسانے" کو پڑھتے ہوئے میں بہت سارے بہترین مکالمے اور جملوں کو انڈر لائن کرتی گئی کہ جانتی ہوں کسی دن چائے کے مگ کے ساتھ ان بہترین افسانوں کو دوبارہ پڑھنے بیٹھ جاؤں گی اس لیے کتاب کو ختم کر لینے کے باوجود شیلف پر کتابوں کے درمیان نہیں بلکہ اپنے بیڈ کی سائڈ ٹیبل پر سامنے ہی رکھ لیا ہے۔ میں پریس فار پیس کے پروفیسر ظفر اقبال صاحب اور ان کی پوری ٹیم کو تہہ دل سے

مبارکباد پیش کرتی ہوں جنہوں نے پوری دنیا سے بہترین افسانوں کا مقابلہ منعقد کر کے اپنے قارئین کو یہ شاہکار پڑھنے کا اعزاز بخشا۔

اب "منتخب افسانے" آپ کے ہاتھوں میں ہے اسے خریدیں، پڑھیں۔ پڑھنے والے قارئین جب کتاب خریدتے ہیں تو لکھاری کو اُس کی محنت کا پھل مل جاتا ہے۔ میں سمجھتی ہوں کہ کتاب کی ضرورت گزرے کل کے مقابلے میں آج زیادہ ہے۔ لکھنے والوں کی حوصلہ افزائی فرمایا کیجئے کہ یہ آپ کے لئے لکھتے ہیں:

اگر آپ ہی کتاب خریدنا اور پڑھنا بند کر دیں گے تو کوئی کیوں لکھے گا اور لکھنے کا یہ فن ہمیشہ کے لئے دفن ہو جائے گا

"کتاب خریدیں کہ لکھاری زندہ رہے

کتاب پڑھیں کہ اخلاقیات زندہ رہیں"

کتاب میں شامل تمام افسانہ نگاروں کو میری طرف سے بہت مبارکباد کے انہوں نے اردو ادب کو بہترین افسانے دیئے۔ امید ہے کہ اب یہ سلسلہ رکے گا نہیں اور آگے ہی آگے بڑھتا چلا جائے گا۔

میری دعا ہے کہ۔۔۔!!

"کھول یوں مٹھی کہ اک جگنو نہ نکلے ہاتھ سے

آنکھ کو ایسے جھپک لمحہ کوئی اوجھل نہ ہو

پہلی سیڑھی پر قدم رکھ، آخری سیڑھی پر آنکھ

منزلوں کی جستجو میں رائیگاں کوئی پل نہ ہو"

***

نورین عامر کا ناول "راستی کا راستہ"

قانتہ رابعہ

کہتے ہیں اللہ تک پہنچنے کے اتنے ہی راستے ہیں جتنے ریت کے ذرے۔۔۔یا درختوں کے پتے۔

ان راستوں میں سے ایک راستہ ذرا ہٹ کر ہے تصوف و سلوک اور روحانیت کا راستہ۔۔۔جو اسے تسلیم کرتے ہیں ان کے لئے عشق حقیقی ہی بس معراج ہے جو تسلیم نہیں کرتے وہ لفظ عشق کو خدا اور رسول کے لئے جائز نہیں سمجھتے ان کے نزدیک یہ لفظ ان دونوں سے محبت کے لئے عامیانہ ہے۔

دونوں کے پاس دلائل کے انبار ہیں۔ حق بات یہ ہے کہ انسان خود شناس نہ ہو تو خدا شناسی بھی نصیب نہیں ہوتی۔

خدا شناسی ہی تصوف اور روحانیت کا دروازہ کھولتی ہے۔

میرے سامنے اس وقت محترمہ نورین عامر کا ناول "راستی کا راستہ" ہے۔

ناول کا موضوع وہی ہے جسے عشق حقیقی کہتے ہیں جس کے حصول کے لیے اندر کا دروازہ نہ کھلے تو انسان جتنا بھی عابد زاہد بن جائے وہ رب کی معرفت کا ذائقہ نہین چکھ سکتا۔

یوں تو عمیرہ احمد، نمرہ احمد، سمیرا حمید وغیرہ نے معرفت کے اشاروں پر بہت لکھا۔

ان کا لکھا ایک سند کی حیثیت رکھتا ہے لیکن نئے لکھنے والوں میں بھی بہت سے نام ہیں ،نورین عامر ان میں سے نمایاں نام ہے۔

انہوں نے کتاب کا انتساب بی بی راستی (سلطان باہو کی والدہ ماجدہ) کے نام کیا ہے۔

درحقیقت ناول میں بھی خداشناسی کے مراحل بھی سلطان باہو کی شاعری سے طے ہوتے ہیں۔

ناول کی کہانی بہت دلچسپ اور فطری ہے۔ کہیں کسی کردار کو پڑھتے ہوئے زبردستی کی بھرتی کا احساس نہیں ہوتا۔چند گنتی کے کردار ہیں۔سب کے سب حق کی تلاش میں ہیں،خواہ بینجمن ہو یا جیسپر ،سب کے دلوں میں وہ نور پہنچ جاتا ہے جسے اسلام کہا جاتا ہے۔

ناول کے مرکزی کردار عفت اور ہارون ہیں جو بغرض تعلیم انگلینڈ میں مقیم ہیں۔ نیکوکاروں کو نیکوکاروں کی صحبت مل ہی جاتی ہے یوں پردیس میں عفت کو ادریسہ جس کا تعلق مراکش سے ہے کی صحبت میسر آتی ہے۔ تعلیمی سلسلہ میں عفت کو ادریسہ سے جدا ہونا پڑ جاتا ہے ،وہ دوسرے شہر میں سفر کے دوران کسی شخص کو حادثاتی طور پر ملتی ہے۔ یہ شخص ہارون ہے جس کا تعلق جھنگ پاکستان سے ہے اور وہی آنے والے صفحات میں ناول کا مرکزی کردار ہے۔

من وتو کے اس قصے میں ایک ہونے کا مقام آسانی سے نہیں آتا۔

درمیان میں مارتھا کی شیطانی نظریات والی تنظیم ہے۔اس کا طریقہ واردات ہے کیسے وہ نوآموز طلبہ کو شکار کرتے ہیں۔

ناول میں فلسطین سے تعلق رکھنے والا ایک جاندار اور ہمیشہ یاد رہنے والا کردار بنجیمن کا ہے جو درحقیقت صیہونیوں کے حملے میں شہادت کا رتبہ پانے والے خاندان میں سے تھا زندگی اسے ایک چرچ میں لے آئی اور اس کا نام بینجمن رکھ دیا گیا۔ بینجمن کا کردار

جدوجہد اور بلند مقصد کے حصول کے لیے ہمہ وقت تیار رہنے والا خوبصورت کردار ہے۔اس کی القدس سے محبت کے لئے فقرے اتنے دلپذیر ہیں کہ آنکھیں نم ہو جاتی ہیں بالخصوص اس کی پراسرار روانگی اور یہ پیغام:

"میری ارض مقدس سے وابستگی نے مجھے جہاد کی لوریاں سنا کر پروان چڑھایا ہے میری رگوں میں حریت کا جذبہ لہو کے ساتھ دوڑتا ہے میرے دل کی دھڑکنیں رب تعالیٰ سے قبلہ اول کی آزادی کے لیے دعاگو رہتی ہیں میری اولین ترجیح الاقصی کی فتح ہے جہاں سے میرے رسول محمد صلی اللہ علیہ وسلم نے سفر معراج فرمایا تھا۔

مسجد اقصی میرا عشق ہے۔ میں مجاہد پیدا ہوا ہوں اگر میں غازی بن کر لوٹا۔ یہ اس وقت ہو گا جب میں ارض مقدس ہر فتح کا جھنڈا لہراتا دیکھوں گا اور اگر شہید ہو گیا تو تمہارا دل تمہیں اطلاع دے دے گا پھر ہم روز محشر شافع محشر جھنڈے تلے اکٹھے ہو جائیں گے۔ تم غم نہ کرنا شہید زندہ ہوتے ہیں اور اپنے دل سے بھی غافل مت ہو جانا وہ مقام ہے جہاں ذات باری تعالیٰ تخت نشین ہین وہ زمین میں سماتے ہیں نہ آسمان میں بجز بندہ مومن کے قلب کے۔"

یہی غافل دل ہے جسے ناول نگار نے بندہ مومن کا بنانے کے لئے خوبصورت اشعار، سلطان باہو کے عارفانہ کلام ، تشبیہات ایک مصلح کے کردار، خان صاحب کے دلپذیر وعظ، قرآنی آیات اور تمثیلات کا بر محل استعمال کیا ہے۔

ہر اہم موقع پر قرآنی آیات اور باہو کے کلام اور خان صاحب کی مشفقانہ اور ناصحانہ باتوں سے قاری کو صوفی ازم کے راستے کی ترغیب دی ہے۔ کتاب میں جتنے بھی کردار ہیں سب بہت پرفیکٹ ہیں۔ کہانی میں کوئی جھول نہیں۔

میچور سوچ کے ساتھ عشق حقیقی کے حصول کی کارگزاری ہے۔ دنیاداری کے لئے

وہ نری دشواری ہے لیکن خیر والے دل اسے قبول کر لیتے ہیں جیسے عفت نے کیا۔ جیسپر نے جنید بن کر کیا۔

ناول کے انداز تحریر سے مصنفہ کے وسیع مطالعہ اور پنجابی عارفانہ کلام کے ساتھ اردو فارسی کے کلام سے دلی وابستگی کا پتہ چلتا ہے۔

میں امید کرتی ہوں کہ نورین عامر مختلف ڈائجسٹوں اور رسائل میں لکھیں گی تاکہ ان کی خوبصورت تحریر کے قارئین کا حلقہ وسیع ہو۔

بہت عمدگی سے آمادہ کرتی ہے۔ کتاب کی طباعت بہت عمدہ ہے۔

میں پی پی ایف کے جناب پروفیسر ظفر اقبال صاحب اور ان کی ٹیم کو تہہ دل سے مبارک باد پیش کرتی ہوں۔ بے شک یہ تصوف و سلوک کے موضوع پر قارئین کے لئے خوبصورت اضافہ ہے۔

✳ ✳ ✳

ٹھنڈی ہوا کا جھونکا: عطیہ ربانی کا ناول
کرنل اشفاق حسین

عطیہ ربانی کا تعلق لاہور سے ہے۔ دو بھائیوں کی بڑی بہن ہیں۔ بی اے کرنے کے بعد وہ بیلجیئم چلی گئیں جہاں سرکاری زبان فرانسیسی ہے۔ پہلے تو بڑی مشکل پیش آئی لیکن وہ ثابت قدمی سے نئی زبان سیکھنے کی کوشش کرتی رہیں اور بالآخر انھیں کامیابی نصیب ہوئی۔ اب وہ اردو میں لکھتی ہیں تو جیسے ہمارے ہاں کے لکھاری انگریزی کے الفاظ اور محاورے اپنی تحریر میں استعمال کرتے ہیں وہ بھی فرانسیسی زبان کے الفاظ استعمال کرتی ہیں جس سے ان کی تحریر میں تنوع پیدا ہوا ہے۔

ان کے ناول کی وجہ تسمیہ تو ان کے لکھے ہوئے دیباچے سے واضح ہو جائے گی ہمیں صرف یہ کہنا ہے کہ تکنیکی لحاظ سے ان کے پلاٹ کی بُنت سڈنی شیلڈن کی ناولوں جیسی ہے۔ ان کے ہاں پلاٹ کا کینوس اتنا وسیع ہو جاتا ہے کہ قاری حیران ہوتا ہے کہ یہ ناول سمٹے گا کیسے۔ عطیہ کے اس ناول میں بھی شروع میں الجھن پیدا ہوتی ہے کہ مصنفہ بات کو کہاں سے کہاں لے جا رہی ہیں اور آخر میں بات سمٹے گی کیسے لیکن پھر وہ انتہائی چابک دستی سے کہانی کے اختتام کی طرف بڑھتی ہیں اور قاری کے ذہن میں اٹھنے والے سارے سوالوں کے جوابات ملتے چلے جاتے ہیں۔ اگر قاری کے ذہن میں اٹھنے والے سوالات اور ان کے جوابات کا یہاں ذکر کیا جائے تو ناول کا تجسس جاتا رہے گا اور تجسس کا عنصر ہی تو

ناول یا کسی ڈرامے کی جان ہوتا ہے۔

ناول کی ایک انفرادیت جیسے ہم نے شروع میں ذکر کیا فرانسیسی زبان کے الفاظ اور محاوروں کا استعمال ہے۔ ہم مغربی طرزِ تعلیم کو چاہے کتنا برا کہیں ان کی ایک بات بہت اچھی ہے کہ وہ اپنے طلباء کو اپنی مادری زبان کے علاوہ کم از کم دو زبانیں ضرور سکھاتے ہیں۔ ہمارے ہاں بھی اچھے سکولوں میں آرٹس کے طلباء کو عربی یا فارسی پڑھائی جاتی تھی۔ اب دونوں زبانوں کو دیس نکالا دے دیا گیا ہے۔ برصغیر میں مغلوں کے دور حکومت میں سرکاری زبان فارسی تھی۔ عام لوگ فارسی خوب سمجھتے تھے اسی لیے شاہ ولی اللہ محدث دہلویؒ نے قرآن مجید کا فارسی میں ترجمہ کیا۔ قرآن مجید کا یہ پہلا ترجمہ تھا جو قرآن کے نزول کے تقریباً تیرہ سو سال بعد کیا گیا۔ پھر ان کے بیٹوں نے اردو میں ترجمہ کیا۔ فارسی کی اہمیت اس بات سے بھی واضح ہوتی ہے کہ علامہ اقبالؒ کے کل پندرہ ہزار اشعار میں سے نصف سے زیادہ فارسی میں ہیں۔ ان کا کہنا تھا کہ ان کا اصل کلام وہ ہے جو فارسی میں ہے۔ اردو نوزائیدہ زبان ہونے کی وجہ سے میرے خیالات کی متحمل نہیں ہو سکتی۔ خلافت عثمانیہ کے دنوں میں بھی سرکاری زبان فارسی تھی۔ استنبول کے توپ کاپی محل کے داخلی دروازوں اور محرابوں کے اوپر جو کچھ لکھا ہوا ہے، فارسی زبان میں ہے۔ جو آج کل کے گائیڈ پڑھ سکتے ہیں نہ سمجھ سکتے ہیں۔

عطیہ کا یہ ناول ایک طرح سے ٹھنڈی ہوا کا ایک جھونکا ہے جو اردو زبان میں ایک نئی زبان کو متعارف کروا رہا ہے۔ موضوع کے لحاظ سے عطیہ ربانی کا یہ ناول عمیرہ احمد کے ناولوں سے ملتا جلتا ہے جیسے عمیرہ احمد کا ناول "پیر کامل" ختم نبوت کے عقیدے کے گرد گھومتا ہے۔ ایک اور ناول "حاصل" میں توجہ اور محبت کا طالب ایک لڑکا دو لڑکیوں کے عشق میں گرفتار ہو جاتا ہے۔ ایک اسے اسلام کے خلاف بغاوت پر اکساتی ہے اور دوسری

اسے اسلام کی طرف لانا چاہتی ہے۔ عطیہ ربانی کا ناول محض فکشن نہیں ہے بلکہ ان مسائل کا احاطہ کرتا ہے جو پردیس جانے والے مسلمانوں کو پیش آتے ہیں۔ ان مسائل کو انھوں نے ناول کی بُنت میں سمو کر دلچسپ بنا دیا ہے۔ مجھے امید ہے کہ پردیس میں بسنے والے لوگ اس ناول کو شوق سے پڑھیں گے اور پاکستان اور انڈیا میں بھی یہ ناول ادبی حلقوں میں مقبول ہو گا۔

✹ ✹ ✹

سائنسی جنگل کہانی: تسنیم جعفری کی کتاب

انگبین عُروج (کراچی)

محترمہ تسنیم جعفری ادبِ اطفال کے اُفق پر ایسا روشن ماہتاب ہیں جن کا نام یقیناً کسی تعارف کا محتاج نہیں۔ مُصنّفہ کی شخصیت اور ادب کے لیے ان کی بیش بہا خدمات کے اعتراف میں کچھ کہنا سورج کو چراغ دکھانے کے مترادف ہے۔ آپ کی مثبت شخصیت عجز و انکساری، نرم خوئی اور اخلاق و کردار میں اپنا ثانی نہیں رکھتی۔ گہوارۂ علم و ادب کا روشن و تاباں چراغ محترمہ تسنیم جعفری جنہیں پاکستان میں "ادبِ اطفال میں سائنس فکشن" کا بانی کہا جائے تو بے جا نہ ہو گا۔ فی زمانہ محترمہ تسنیم جعفری کا شمار پاکستان میں ادبِ اطفال کی خدمات اور ترویج کے لیے ہمہ وقت کوشاں رہنے والے چند ایک بڑے ادیبوں میں ہوتا ہے۔

محترمہ تسنیم جعفری کا تعلق پاکستان کے علم و ادب سے منسلک شہر لاہور سے ہے۔ آپ عرصۂ دراز سے شعبۂ تدریس سے وابستہ ہیں، یہی وجہ ہے کہ قوم کے ننھے معماروں اور نوجوانانِ وطن سے بہت گہرا قلبی و جذباتی تعلق رکھتی ہیں۔ آپ کی تحاریر ملک و ملّت کی تعمیر و ترقی میں بڑھ چڑھ کر حِصّہ لینے کا درس دیتی ہیں۔ آپ کا قلم جب بھی چلتا ہے، مُلک و قوم کی خدمت اور وطن سے بے لوث و بے غرض پائندہ محبت کے جذبے ہر سُو بکھیرتا ہے۔ محترمہ تسنیم جعفری کی ادبِ اطفال کے

مختلف موضوعات پر فی الوقت بائیس سے زائد کُتب منظرِ عام پر آچکی ہیں۔ آپ مختلف اصناف پر طبع آزمائی کرتے ہوئے ہر عمر کے قاری بالخصوص نوجوانوں اور بچوں کی مثبت طور پر ذہن سازی کرتی ہیں۔ آپ کی تحاریر خواہ وہ مضامین کی شکل میں ہوں، کہانیاں ہوں، سفرنامے ہوں یا پھر سائنس فکشن ناول کی صورت میں ہوں اپنے دامن میں بہت سے اصلاحی اسباق اور مثبت پیغامات لیے ہوتی ہیں۔ ادبِ اطفال کے لیے تخلیق کی گئیں آپ کی بیشتر کتب نہ صرف ماحولیاتی آلودگی کے اسباب اور ان کے تدارک کے لیے عملی اقدامات کی طرف توجہ مبذول کراتی ہیں بلکہ اقوامِ عالم میں مادرِ وطن کی ترقی کے بیش بہا وسائل موجود ہوتے ہوئے قومی و مِلّی اتحاد کی کمی اور نوجوانانِ وطن میں جذبۂ حُبّ الوطنی کے طور پر یکجا ہو کر کارواں بنانے کے شعور کے فقدان کا احاطہ کرتی ہیں۔

محترمہ تسنیم جعفری کو بلاشبہ یہ اندازہ ہے کہ آج کے بچے دورِ جدید کے برقی آلات اور سوشل میڈیا کے ذریعے اپنی دلچسپی کا سامان پیدا کر رہے ہیں، انہیں کتب بینی پر کیسے اور کیوں کر آمادہ کیا سکتا ہے ؟؟

آپ نے ادبِ اطفال کی ترویج کی کاوشوں میں اِس بات کو یقینی بنایا کہ خود بھی ایسا مواد تخلیق کیا جائے اور نوآموز لکھاریوں کے ذریعے بھی کروایا جائے جس کا مطالعہ، اس جدید ٹیکنالوجی اور اے آئی کے دور میں ہوتے ہوئے بھی ملک و مِلّت کے اطفال نہ صرف ذوق و شوق سے کریں بلکہ اپنے اندر مخفی تخلیقی صلاحیتوں کو بھی اپنی بہترین شخصیت سازی اور وطنِ عزیز کی تعمیرِ نو کے لیے اُجاگر کریں۔

محترمہ تسنیم جعفری کی علمی و ادبی خدمات پر انہیں ملک کے معروف و مقبول ایوارڈز سے بھی نوازا جا چکا ہے۔ ادبِ اطفال کے لیے ادبی سرگرمیاں منعقد کرواتے رہنا

آپ کا خاصہ ہے۔آپ کی سرپرستی میں سوشل میڈیا پر "ادیب نگر" کے نام سے ایک پلیٹ فارم متعارف کیا گیا ہے، جس کا مقصد نوجوانانِ مِلّت میں علمی و ادبی شعور بیدار کرنا ہے نیز آپ مختلف اصناف پر لکھنے والے قلمکاروں کی تحاریر کو یکجا کر کے انہیں کتب کی صورت مرتّب کرنے میں بھی پیش پیش ہیں۔پاکستان میں ادبِ اطفال سے وابستہ نو آموز مصنفین کی حوصلہ افزائی کے لیے سالانہ تسنیم جعفری ادبِ اطفال ایوارڈ کا اجرا بلاشبہ ادبِ اطفال کے لیے آپ کی گراں قدر خدمات کا عملی ثبوت ہے، جس میں مصنفین کو ایک لاکھ روپے مالیت کے نقد ایوارڈز دیے جاتے ہیں۔

پاکستان کے مشہور و معروف اشاعتی اداروں کے لیے آپ کی کتب شائع کرنا قابلِ فخر بات ہے لیکن آپ کی بیشتر کتب کی اشاعت کا اعزاز عرصۂ دراز سے خدمت و فروغِ ادب کے لیے کوشاں پریس فار پیس فاؤنڈیشن (یو۔کے) ہی کو حاصل ہے۔

زیرِ مطالعہ کتاب "سائنسی جنگل کہانی" ادبِ اطفال میں ایک دلچسپ و خوبصورت اضافہ ہے۔یہ کتاب پریس فار پیس فاؤنڈیشن کے زیرِ اہتمام شائع ہوئی ہے۔کتاب کا سرورق نہایت خوش نما رنگوں کے امتزاج کے ساتھ جنگل کی خوشنمائی، آنکھوں کو خیرہ کر دینے والی ہریالی اور جنگل کے جانوروں کی ہنستی مسکراتی شوخ و چنچل تصاویر سے مُزیّن ہے۔اس دلچسپ اور پُرکشش سرورق کی تزئین کا سہرا پریس فار پیس فاؤنڈیشن کے سرورق تزئین کار محترم سید ابرار گردیزی کو جاتا ہے، جن کے خوب صورت و دل فریب سرورق دِل و نگاہ کو ایسے بھاتے ہیں کہ پریس فار پیس کے زیرِ اہتمام شائع شدہ تمام کتب اپنے گھر کی لائبریری کی زینت بنانے کو دل مچلتا ہے۔

کتاب کا دلچسپ سرورق دیکھ کر بچوں نے تسنیم جعفری صاحبہ کی "سائنسی جنگل

کہانی" منگوانے پر اصرار کیا جو ہم نے بِلا تردّد منظور کر لیا۔ اس کتاب کا نام ہمیں کچھ منفرد محسوس ہوا، اس کتاب میں جنگل میں رہنے والے جانوروں کے متعلق دلچسپ کہانیاں ہوں گی اس کا اندازہ تو سرورق دیکھ کر ہی ہو چکا تھا لیکن جوں ہی پہلی کہانی نظروں سے گزری، پھر دوسری، تیسری تب ہمیں شدید خوش گوار حیرت سے دوچار ہونا پڑا کہ ہر کہانی اپنے اندر ایک دلچسپ سائنسی پہلو کا احاطہ کرتی نظر آتی ہے۔

جنگل کے جانوروں اور ان کی شوخی و شرارت سے بھرپور کہانیاں تو ہر عمر کے بچوں کے لیے پسندیدہ اور دلچسپی سے بھرپور ہوتی ہی ہیں لیکن محترمہ تسنیم جعفری نے اپنی اس کتاب میں جنگل کے جانوروں کی ذہانت اور شرارتوں کو نہ صرف نئے رنگ و آہنگ کے امتزاج کے ساتھ پیش کیا ہے بلکہ ہر کہانی میں بچوں کی دل چسپی کو برقرار رکھنے اور ذہنی استعداد و صلاحیت کو بڑھانے کے لیے کوئی نہ کوئی سائنسی پہلو بھی اجاگر کیا ہے، یعنی بچوں کے لیے ایک کہانی میں "دو گُنا مزے" والی بات صادق آتی ہے۔

ہر کہانی کا سبق اور مثبت پیغام تو اپنی جگہ ہے ہی منفرد، ساتھ ہی بچوں کے لیے سائنسی پہلوؤں پر غور و فکر اور انہیں نہایت سہل انداز میں سمجھنے کا نادر موقع بھی تسنیم جعفری صاحبہ کی اس کتاب سے حاصل کیا جا سکتا ہے۔ اکثر نونہالوں کو سائنس کے مختلف نظریات کو سمجھنا نہایت پیچیدہ محسوس ہوتا ہے اور کچھ ہی دیر میں وہ اس سے بیزار ہو جاتے ہیں لیکن اس کتاب میں شامل دلچسپ کہانیاں پڑھتے ہوئے وہی سائنسی نظریات بِنا کسی کوشش اور محنت کے نونہالوں کے ذہن میں گھر کرتے جاتے ہیں اور انہیں با آسانی اَزبر ہو جاتے ہیں۔

سائنسی جنگل کہانی کی ورق گردانی کے دوران میں نے محسوس کیا کہ یہ کتاب محض بچوں یا نوجوانوں کے لیے ہی نہیں بلکہ بڑوں کے لیے بھی یکساں دلچسپی اور اہم سائنسی

معلومات سے استفادہ حاصل کرنے کا باعث ہے۔وہ تمام سائنسی نظریات جو ہم نے زمانۂ طالب علمی میں پڑھ اور سن رکھے تھے اور جو ہماری یاد داشت سے تقریباً مِٹ چکے تھے،یقین جانیں اس کتاب کی پیاری کہانیاں پڑھتے ہوئے وہ تمام معلومات ذہن کے پردے پر تازہ ہو گئیں۔

کہانی کے شوخ، چنچل اور چلبلے کرداروں کے منفرد نام اور ان کی شرارتیں آپ کو آپ کے بچپن میں واپس لے جائیں گی۔چالاک اور موقع پرست آنٹی لومڑی، شرارتی بھولو بندر، پیارا ننھا بھالو، عقل مند ڈاکٹر اُلّو، نرس بندریا، رحم دل شیر بادشاہ، ننھی گلہری، ننھا گوشی، زرفو، مِس ہرن، سراغ رساں مُخبر کالو کوّا اور بہت سے دوسرے ننھے مُنّے ساتھی جانور جو ہمہ وقت اچھلتے کودتے ہر طرف اپنی شرارتوں سے جنگل میں منگل تو کرتے ہی ہیں، ساتھ ہی ساتھ آپ کو بھی اُس پُرسکون اور ہرے بھرے خوب صورت جنگل کی سیر بھی کرواتے ہیں۔کہانیوں میں سبق آموز اور اصلاحی کہاوتوں اور موقع بَر محل ضرب الامثال کا استعمال بچوں کو اپنی قومی زبان اُردو کی شائستگی اور خوبصورتی سے روشناس کرائیں گے، ساتھ ہی بڑے بھی کتاب بینی کے دوران اُردو زبان کی ایسی لذّت اور چاشنی محسوس کریں گے کہ دل باغ باغ ہو جائے گا۔

ایک کہانی میں محترمہ تسنیم جعفری لکھتی ہیں کہ شیر بادشاہ کے وقت بے وقت کے آرام پر کیکڑا کہتا ہے، "جو سوتا ہے وہ کھوتا ہے جناب!"

اور شیر بادشاہ غُصّے سے لال پیلے ہو کر اپنے محافظ لگڑ بگڑ کو حکم دیتے ہیں کہ "اس بدتمیز کا سر قلم کر دیا جائے جس نے ہمیں کھوتا کہا!"

اس کہانی کو پڑھتے ہوئے ہمیں یہ جان کر حیرت ہوئی کہ سمندر میں رہنے والے "آکٹوپس" کو ہماری اردو زبان میں "بادشاہ ہشت پا" کہا جاتا ہے اور اس

سمندری مخلوق کو سمندر کا بادشاہ ہونے کا شرف بھی حاصل ہے۔

اسی طرح ایک کہانی میں جب بھولو بندر کو ننھی گلہری کا اخروٹ چرانے پر سزا کے طور پر مِس ہرنی جھیل سے تالاب میں پانی بھرنے کو کہتی ہیں، جنگل کا وہ تالاب جو بارش ہونے کی وجہ سے سوکھتا جا رہا تھا اور قریب تھا کہ تالاب میں رہنے والی مچھلیاں، مینڈک اور کچھوے پانی کم ہونے کی وجہ سے سانس بھی نہ لے پاتے۔ اس پر شرارتی اور کام چور بھولو بندر کہتا ہے کہ تالاب میں جو مچھلیاں، مینڈک اور کچھوے رہتے ہیں وہ خود چل کر جھیل کے پانی میں کیوں نہیں چلے جاتے۔ جس پر جنگل کے واحد اسکول کی مِس ہرنی بچوں کو بتاتی ہیں کہ اس میں بھی ایک سائنس ہے!

مچھلیاں اور مینڈک پانی کے اندر ہی سانس لے سکتے ہیں۔ ہمارے ان دوستوں کے پھیپھڑے نہیں ہوتے، جِن میں ہوا جمع رہتی ہے اور ہم آسانی سے فضا میں سانس لے سکتے ہیں۔ جبکہ مچھلیاں اپنے گلپھڑوں سے اور مینڈک اپنی کھال سے سانس لیتے ہیں۔ اسی طرح کچھوے پانی اور خشکی دونوں جگہ سانس لے سکتے ہیں لیکن پانی سے دور جا کر یہ زندہ نہیں رہ سکتے ہیں اور جنگل کی جھیل یہاں سے دور ہے۔

ایک اور جگہ مصنفہ قارئین معلومات میں اضافہ کرتے ہوئے بتاتی ہیں کہ کوئل اپنے ہی انڈے سینے کی صلاحیت سے محروم ہوتی ہے، وہ اپنے انڈوں کو کوّے کے گھونسلے میں رکھا کرتی ہے اور کوّے کے انڈوں کو وہ پہلے ہی کھا جاتی ہے۔ اب جو کوّا (مؤنث) کوئل کے انڈوں کو دیکھتی ہے تو انہیں اپنے ہی انڈے سمجھ کر سیتی جاتی ہے۔ حتٰی کہ ان انڈوں میں سے کوئل کے کالے کالے ننھے منے بچے نکل آتے ہیں اور مزے کی بات یہ کہ وہ انہیں اپنے ہی بچے گردانتی ہے۔ کیا آپ کو قدرت کی اس حِکمت کے بارے میں معلوم تھا؟؟

اسی طرح کتاب میں شامل ہر کہانی میں جنگل کے باسیوں کا آپس میں پیار، محبت سے ساتھ مل جُل کر ایک دوسرے کی مدد کرتے ہوئے اور ایک دوسرے کا خیال رکھتے ہوئے دکھایا گیا ہے۔ جہاں شاطر آنٹی لومڑی نِت نئی چالاکیاں کرتی ہیں اور ان چالاکیوں کی سزا بھی خوب بھگتتی ہیں۔ تو کبھی وہی چالاک آنٹی لومڑی انتہائی نرم دل اور ہمدرد بن کر جنگل کے ننھے مُنّے جانوروں کو خطرناک جنگلی گیدڑ کا نوالہ بننے سے بھی بچاتی ہیں۔

کہانی ہی کہانی میں تسنیم جعفری صاحبہ آپ کے بچوں کے ننھے ذہنوں میں پانی اُبال کر پینے کی افادیت اور گندا پانی پینے سے ہونے والی بیماریوں کی آگاہی دیتی ہیں۔ بھئی تب سے ہمارے بچے بھی پانی پینے سے پہلے ضرور پوچھتے ہیں کہ "ماما، یہ پانی اُبال تو لیا تھانا؟"

اسی طرح مزے مزے کی سبق آموز کہانیاں آگے بڑھتی ہیں اور کتاب میں آپ کی دلچسپی بھی اسی رفتار سے بڑھتی جاتی ہے۔ آنٹی لومڑی اپنی لالچ و حرِص زدہ طبیعت سے مجبور ہو کر چٹ پٹے کھانوں کی لالچ میں جنگل چھوڑ کر شہر پہنچ جاتی ہیں اور وہاں انہیں ایک بڑے سے بنگلے کے شکاری کتوں سے وہ ہزیمت اٹھانی پڑتی ہے کہ ان کی جان کے لالے ہی پڑ جاتے ہیں۔ زخمی آنٹی لومڑی ہانپتے کانپتے جنگل واپسی کی راہ لیتی ہیں۔

یہاں مُصنفہ آپ کو قدرت کی ایک بڑی حکمت کی سائنس کے بارے میں آگہی دیتی ہیں، جب آنٹی لومڑی اپنے زخموں کی تکلیف سے بے ہوش ہو جاتی ہیں۔ اگر کوئی جاندار تکلیف اور پریشانی کی حالت میں بے ہوش نہ ہو تو اپنی زخموں کی تکلیف کا سوچ سوچ کر ہی مر سکتا ہے اور بے ہوش ہو جانے کے بعد اس جاندار کے جسم کا رابطہ دماغ سے منقطع ہو جاتا ہے اور اس طرح جسم کا مدافعتی نظام پوری طرح زخموں کو ٹھیک کرنے میں مصروف ہو جاتا ہے۔ ہے نا یہ ایک اہم سائنسی عِلم اور قدرت کی اعلیٰ حکمت!

محترمہ تسنیم جعفری صاحبہ کی بیشتر کتب کی طرح اس کتاب کی کہانیوں سے بھی آپ کی قدرت سے بھرپور محبت چھلکتی محسوس ہوتی ہے اور ماحولیاتی آلودگی کے متعلق آپ فکر و تشویش میں مبتلا نظر آتی ہیں۔ جنگل میں بڑھتی گندگی اور کوڑے کرکٹ کا ڈھیر، جابجا پھیلتی بیماریاں، جھیل ہو تالاب ہو یا جوہڑ سب کا پانی غلاظت کے باعث گدلا اور بدبودار ہو کر مچھروں کی افزائش کا گڑھ بن جانا، آلودگی کے سبب آبی حیات کی بقاو سلامتی کو درپیش خطرات اور جنگل کی قدرتی خوبصورتی کا مسلسل زائل ہونا یہ سب علامات کس طرح جنگل میں رہنے والے جانوروں پر اثرانداز ہوتے ہیں اور تمام جانور مل جل کر کس طرح اپنی عقل مند حکمتِ عملی کی بدولت بڑے چھوٹے سب ہی جانور سارے جنگل کی صفائی و ستھرائی کا اہتمام کرتے ہیں اور اپنے مسکن کی ہریالی و شادابی کو برقرار رکھنے میں کامیاب ہو جاتے ہیں۔

الغرض کہ اس کتاب "سائنسی جنگل کہانی" کو تبصرے میں بیان کرنا مجھ ناتواں کے بس کی بات نہیں۔ اس کتاب کی اہمیت اور مقصدیت کو بیان کرنے کی سعیِ لاحاصل ضرور کی ہے جو یقینی طور پر اس کتاب کا حق ہے۔ اس کتاب کی کامیابی کا منہ بولتا ثبوت اس کتاب کا پہلے "ڈاکٹر جمیل جالبی ایوارڈ" کے لیے نامزد ہونا اور بتاریخ ۱۵، دسمبر ۲۰۲۳ محترمہ تسنیم جعفری کا اپنی کتاب سائنسی جنگل کہانی کے لیے بدستِ شفقت صدرِ مملکت جناب عارف علوی صاحب، "پہلا ڈاکٹر جمیل جالبی ایوارڈ" برائے ادبِ اطفال وصول کرنا ہے۔

میں تمام قارئین کو محترمہ تسنیم جعفری صاحبہ کی اس کتاب کے مطالعے کا مشورہ ضرور دینا چاہوں گی کیوں کہ یہ محض کہانیوں کا مجموعہ نہیں بلکہ ہم سب کے لیے بہت سی اہم سائنسی معلومات کا ذخیرہ لیے ہوئے، حکمتِ خداوندی کا احاطہ کرتی ہوئی اور اِس

دنیا کو امن و آتشی سے بھرپور اتحاد و یگانگت کے ساتھ اپنے اور دوسرے جانداروں کے رہنے کے لیے ایک خوبصورت اور پُر فضا و پر سکون مقام بنانے کا بہترین پیغام لیے ہوئے ایک بے حد منفرد کتاب ہے۔

٭٭٭

ناول "انتخاب" از ماہم جاوید
پروفیسر خالدہ پروین

ناول "انتخاب" رومان، حقیقت اور تصوف کا خوب صورت امتزاج ہے جو نا صرف اپنے اندر وسیع مفہوم سموئے ہوئے ہے بلکہ ہر عمر کے قاری کے لیے دلچسپی کا باعث بھی ہے۔

بظاہر یہ مقدس کی کہانی ہے جو زندگی کے اتار چڑھاؤ کے پردے میں جزو کے کل سے ملنے کے مختلف مراحل کی عکاس ہے لیکن مصنفہ نے بڑی عمدگی سے معاشرتی سوچ، رویوں، تقدیر کے سامنے انسان کی بے بسی اور قدرت کی گرفت کو ناول کے پردے پر پیش کر دیا ہے۔

ناول کا عنوان اپنے اندر گہرائی اور ذو معنویت لیے ہوئے ہے۔ انتخاب کے دو رنگ ہوتے ہیں:

ہم کسی کا انتخاب کرتے ہیں۔

ہمارا انتخاب کیا جاتا ہے۔

بعض اوقات ہم اپنے انتخاب کو بہتر سمجھتے ہیں لیکن درحقیقت وہ ہمارے لیے ناموزوں ہوتا ہے جیسے مقدس کا شازل کو منتخب کرنا، شازل کا مہوش کو اور مہوش کا سعد کو۔ وقت نے ثابت کیا کہ تینوں ہی ناموزوں اور نقصان دہ تھے۔ مقدس کو اللہ تعالیٰ کی

محبت کے لیے اور مقدس کے لیے شازل کے بجائے فارس کا قدرت کی طرف سے انتخاب بہتر تھا لیکن اس عالمِ اسباب (دنیا) میں منتخب کرنے اور منتخب ہونے کے لیے اسباب فراہم کیے جاتے ہیں جن سے گزرنا انسان کی مجبوری ہے۔

باغ و بہار سرِورق پر دائیں جانب دروازے کے پار پھولوں کی بہتات اور بائیں جانب دروازے کے پار دہکتی ہوئی آگ دیکھنے والے کے لیے تجسّس اور غور و فکر کا باعث ہونے کے ساتھ خوشی و غم، آسانی و مشکل اور اچھائی اور بُرائی کی علامت بھی ہیں۔

ناول کا پلاٹ بہت مضبوط ہے۔ رومان، حقیقت، مذہب، روحانیت، معاشرتی مسائل، رویوں اور خواب کی تکنیک کوئی بھی کڑی اپنی جگہ سے ہٹتی دکھائی نہیں دیتی۔ تمام واقعات اور کردار آپس میں اس طرح مربوط ہیں کہ قاری کے لیے ناول کو شروع کرنے کے بعد مکمل کیے بغیر چھوڑنا ممکن نہیں ہو پاتا۔

مقدس کا کردار ناول کا مرکزی کردار ہونے کے باوجود ایک گوشت پوست کے کردار کے روپ میں سامنے آتا ہے۔ ناول کے تمام کردار اور واقعات اسی کے گرد گھومتے ہیں۔ مقدس صاف دل کی مالک لیکن مذہب سے دور ہے۔ اس کے ظاہر و باطن میں کوئی فرق نہیں ہے۔ شازل سے محبت اور کارڈیالوجسٹ بننا اس کے خواب ہیں۔ محبت کے جذبات شدت کے ساتھ اس کے دل میں موجود ہیں۔ شازل کے لیے محبت کا اظہار کھل کر کرتی اور اس سے جدائی کو اپنے لیے موت تصور کرتی ہے۔ شازل کی خاطر اپنے سپیشلائزیشن کے خواب کو بھی قربان کرنے کے لیے تیار ہو جاتی ہے لیکن سیڑھیوں سے گرنا اسے سال کے لیے کوما میں لے جانے اور معذوری کا باعث بنتا ہے۔ روحانیت کے سفر کا آغاز معذوری سے پہلے ہی شروع ہو چکا تھا لیکن معذوری اور شازل کے شادی سے انکار کے بعد خواب کے ذریعے روحانی راہنمائی کا سلسلہ شدت اختیار کر جاتا ہے۔ بالآخر اللہ

تعالیٰ کی محبت ہر محبت پر غالب آتے ہوئے اس کے لیے دین اور دنیا دونوں میں کامیابی کا باعث ثابت ہوتی ہے۔

شازل کا کردار ظاہر پرستی اور خود غرضی کا شکار ہے۔ جو کبھی مقدس کی عادت ہونے کی بنا پر اور کبھی مہوش کی خوب صورتی اور اداؤں سے متاثر ہو کر فیصلے تبدیل کرتا دکھائی دیتا ہے۔ بظاہر عقل پر مبنی مہ وش کا انتخاب اس کے لیے پچھتاوا بن جاتا ہے۔ ہر موقع پر خود غرضی اس کی ناکامی کا سبب ثابت ہوتی ہے۔

عینی کا کردار مثبت، خلوص و وفا سے بھرپور اور غلط و صحیح میں فرق کرنے کی خوبیوں سے متصف ہونے کی بنا پر پسندیدہ ٹھہرتا ہے۔

عمیرہ خاتون اور فارس کے کرداروں نے دلوں متاثر کیا۔ ماں بیٹا دونوں کے کردار دین کے قریب اور عمدہ انسانی صفات سے متصف ہیں۔ اپنائیت، محبت، وفا اور صبر دونوں کے کردار کا خاصہ ہے۔ اپنی انہی صفات کی بنا پر دونوں کردار آئیڈیل کے روپ میں سامنے اتے ہیں۔ یہی صفات انھیں کامیابی سے ہم کنار کرتی ہیں چاہے وہ مقدس کی دیکھ بھال ہو یا اس کی دل جوئی، فارس کی اپنے پیشے سے محبت ہو یا مقدس کے لیے دل میں خاموش محبت، شمعون سے دوستی ہو یا رمشا کا احترام۔ ہر موقع پر سرخروئی ان کا مقدر ٹھہرتی ہے۔

مہ وش، مہوش کی ماں اور مقدس کی تائی کے کردار منفی کرداروں کے روپ میں سامنے آتے ہیں جنھیں ان کی شاطرانہ چالیں ہی شکست سے دوچار کرتی ہیں۔

ناول کے مکالمے برجستہ اور موزوں ہیں جن میں کردار بولتے دکھائی دیتے ہیں۔ خصوصاً مقدس، فارس، عینی اور عمیرہ بانو کے مکالمے دل کو چھوتے محسوس ہوتے ہیں۔

جزو کے کل سے ملاپ کے واقعات اور معلومات کا کمال یہ ہے کہ ان کا انداز ہلکا پھلکا

ہے جس کی بنا پر نہ تو سمجھنے میں دشواری پیش آتی ہے اور نہ ہی گرانی کا سامنا کرنا پڑتا ہے۔ مجموعی طور پر ایک اصلاحی ناول جو مذہبی معاشرتی دونوں لحاظ سے اہمیت کا حامل ہے۔ اس کا دھلا دھلایا انداز متاثر کن اور قابلِ تعریف ہے۔ عمدہ تخلیقی کاوش کے لیے مصنفہ داد کی مستحق ہیں۔

٭ ٭ ٭

ماہم جاوید کا ناول "انتخاب"
دانیال حسن چغتائی

"انتخاب" نامی یہ ناول پریس فار پیس فاؤنڈیشن کے پلیٹ فارم سے شائع ہوا ہے۔ اور اسے ماہم جاوید صاحبہ نے لکھا ہے۔

اس ناول کا انتساب مصنفہ نے اپنی والدہ اور دادی کے نام کیا ہے۔ پیش لفظ میں وہ ان تمام لوگوں کی شکر گزار نظر آتی ہیں جنہوں نے ان کے ادبی سفر میں کسی بھی حوالے سے معاونت کی۔

ابتدا میں ناول روایتی انداز کے ڈائجسٹ ناول کی طرح محسوس ہوا لیکن جس طرح مصنفہ نے کہانی کو عشق حقیقی اور اللہ سے تعلق کی طرف موڑا وہ اپنی جگہ خاصی اہمیت کا حامل ہے۔ اور تحریر کی پختگی نے یہ تاثر زائل کر دیا کہ یہ ان کا پہلا ناول ہے۔

ناول دراصل کہانی ہی ہے جس میں معاشرہ میں پیش آنے والے واقعات، حادثات اچھے برے، واقعات، غمی اور خوشی کی باتوں پر مبنی کہانی کو پڑھنے والے کے لیے دلچسپی اور اس کی توجہ کو بر قرار رکھنے کے لیے کہانی کا پلاٹ، کردار، جگہ، کرداروں کی زبان سے ادا کیے گئے الفاظ اور جملے ناول کو دلچسپ بناتے ہیں اور یہ سب عناصر اس ناول میں بخوبی ملتے ہیں۔

سمجھ میں نہیں آتا کہ لوگ محبت کو آپ بیتی کیوں کہتے ہیں۔ محبت تو جگ بیتی ہے۔

دنیا کا وہ کون سا فرد ہے جو اس تجربے سے نہیں گزرا ہو گا؟ شرط صرف تسلیم کرنے کی یا انکار کرنے کی منافقت کی ہے۔

ناول کی کہانی بظاہر افسانوی سی ہے لیکن یہ ناول کلاسیکی انداز میں لکھا گیا ہے۔ اس میں زبان و بیان کے کوئی کرتب بھی نہیں دکھائے گئے مگر کہانی پر مصنفہ کی گرفت اتنی مضبوط ہے کہ ناول میں اس کے متوازی کہانی چلتی نظر آتی ہے۔ مصنفہ نے ناول میں کردار نگاری بھی بہت کمال کی کی ہے چنانچہ کردار، جیتے جاگتے ہمارے سامنے آن کھڑے محسوس ہوتے ہیں۔

مذہب اور محبت میں تضاد ہم نے بنا رکھا ہے حالانکہ مذہب خود محبت کا دوسرا نام ہے اور مذہب سے محبت نکال دیں تو یہ صرف چنگیزیزیت رہ جائے۔ معاشرہ کیا کہے گا نے معاشرے کا ستیاناس کر کے رکھا ہوا ہے اور یہ مشرق و مغرب میں یکساں نافذ العمل ہے۔ حالانکہ یہی معاشرہ سب کچھ اندر سموئے ہوئے ہے۔ مگر ہمارے اندر کا ڈر اور بزدلی بہت سارے انسانوں کی زندگیاں تباہ و برباد کر دیتی ہے۔

ناول میں ایک طرف ایک طرف خدا کی محبت کا ٹھاٹھیں مارتا ہوا سمندر اور دوسری طرف محبت کے وہ عظیم جذبات جو ظالم سماج کے سامنے سیسہ پلائی دیوار بن کر صرف خدا کی رحمت کے طلب گار نظر آتے ہیں۔ ناول نگار نے نہایت کامیابی سے یہ ثابت کیا ہے کہ خدا محبت ہے اور سچی اور بے غرض محبت ہی خدا تک پہنچنے کا واحد ذریعہ ہے۔ ناول کے مطالعہ کے دوران کئی بار ایسی کیفیت سے واسطہ پڑا جب انسان کا مادی دنیا سے رشتہ اور تعلق منقطع ہو جاتا ہے اور وہ ایسی حسین دنیا میں گردش کرنے لگتا ہے جہاں محبت کو انسانیت کی معراج کہا جا سکتا ہے۔

معروف ناول نگار میمونہ ارم مونشاہ اس ناول کے بارے کچھ یوں کہتی ہیں، یہ ایک

ایسا اصلاحی ناول ہے جس میں اپنے من چاہے راستے پر چلنے کی مکمل آزادی دی گئی ہے اور ہر منزل کا انجام بہترین طریقے سے بتایا گیا ہے۔ اب یہ تو انسان پر منحصر ہے وہ خود کے لیے کیا پسند کرے کیونکہ اسے تخلیق کرنے والے کی طرف سے سمجھ بوجھ عطا کی گئی ہے۔ زندگی آزمائشوں کی آماجگاہ ہے، رب کو پانا آسان نہیں مگر ان کے سوا جن کو چن لیا جائے اور جن کو چن لیا جاتا ہے پھر ان کی مغفرت اور ہدایت میں کوئی شک باقی نہیں رہتا۔ ناول کو پڑھ کر میری طرح آپ کو بھی بہت سے سوالوں کے جواب مل جائیں گے اور آپ کے لیے بھی انتخاب کرنا آسان ہو جائے گا۔

معروف مصنف احمد رضا انصاری اس ناول کے بارے میں کچھ یوں رقم طراز ہیں، عشق خاکی سے عشق حقیقی تک کا سفر ایسا سفر ہے جس میں روح و جسم کانٹوں میں الجھ کر تار تار ہو جاتے ہیں۔ ناول کی مرکزی کردار جو دنیاوی عشق میں مبتلا ہو کر شرک کی منزل تک پہنچنے کو تھی۔ پھر اچانک وہ کیسے اپنے اصل کی جانب پلٹی اور عشق الٰہی پانے کی جستجو میں ممکن ہوئی یہ داستان آنکھیں نم کر دینے والی ہے۔

اس ناول کے چند اقتباسات پیش خدمت ہیں جن کو پڑھ کر دل مسکراہٹ سے بھر جاتا ہے کیونکہ یہی وہ فقرے و سطور ہیں جو رب اور قرآن کی طرف انسان کا میلان کرتے ہیں۔

"ہمیں وہی ملتا ہے جو ہمارا نصیب ہوتا ہے اور نصیب ہم سے کوئی نہیں چھین سکتا، اور جو چھن جائے وہ ہمارا نصیب ہوتا ہی نہیں"۔

"انسان کا اصل تو اللہ ہی جانتا ہے۔ کون اس سے کتنا قریب ہے یہ تو اسے ہی پتا ہے مگر ہاں اپنے محبوب کو متاثر کرنے کے لیے خود کو اس رنگ میں ڈھالنا اچھا لگتا ہے جو ہمارے محبوب کو پسند ہو اور میں صرف یہ بتانا چاہ رہی ہوں کہ یہ سب میں نے ٹرینڈ میں

نہیں اللہ کے لیے کیا ہے۔ اب وہ قبول کر لے توبات ہے۔"

"اگر اللہ کسی چیز کا راستہ ہم پر کھولنا چاہے تو کوئی اسے نہیں روک سکتا"۔

"بدل جانے کو ایک پل چاہیے مقدس! اور ہر انسان کی زندگی میں وہ پل ضرور آتا ہے۔۔ ایک لمحہ۔۔ انسان کو جھنجھوڑنے کے لیے، اسے بدلنے کے لیے اور ایک ہی لمحہ ہوتا ہے اس کے انتخاب کے لیے۔۔ وہ کیا منتخب کرتا ہے یہ اس پر منحصر ہوتا ہے اور کئی دفعہ ہم انتخاب نہیں کر پاتے۔ اللہ ہمارے لیے انتخاب کرتا ہے۔ اس راستے کا جس پر وہ سمجھتا ہو کہ ہم چل سکیں گے"۔

اختتام پر میں یہی کہنا چاہوں گا کہ ہم زندگی میں جو کچھ چاہ رہے ہوتے ہیں، رب کی منشا دراصل اس سے مختلف ہوتی ہے اور ہمیں یہ ایمان رکھنا چاہیے کہ رب کا انتخاب ہماری محدود سوچ سے کہیں بہتر ہے۔ یہی اس ناول کا مقصود ہے۔

٭٭٭

مہوش اسد شیخ کے افسانوں کا مجموعہ "آئینے کے پار"

اریبہ عائش

مجھے کتاب خریدنے پر اس کے سرورق نے مجبور کیا۔ افسانوی مجموعہ پر اس سے پہلے کبھی ایسا سرورق نہیں دیکھا تھا۔ انوکھی سی منفرد سی نظر آنے والی چیزیں مجھے ہمیشہ ہی بہت پسند رہی ہیں۔ سرورق کو دیکھتے ہوئے میں نے سب سے پہلے سرورق کہانی پڑھنے کا ارادہ کیا۔ شروعات سے ایسا ہی لگا کہ وہی عام سی کہانی ہے لیکن کہانی کا اختتام کمال است، واقعی یہ ہر اس گھر کی کہانی ہے جہاں بن بیاہی، بڑھتی عمر کی لڑکی موجود ہے۔ ایسی ہر لڑکی آئینے کے پار اک شہر بسائے بیٹھی تبھی تو جی رہی ہے۔ سرورق افسانوی مجموعہ سے میل کھائے نہ کھائے مگر کہانی کے عین مطابق ہے۔ جب جب میری نگاہ سرورق پر پڑتی ہے اس لڑکی کا کرب یاد آجاتا ہے۔ اللہ پاک ہر لڑکی کا نصیب اچھا کرے آمین۔

پہلی تحریر "میری کشتی ڈوبی وہاں"۔۔۔ ایک شگفتہ تحریر ہے لیکن اک بہت اہم نکتے کی طرف اشارہ کیا گیا ہے۔ یہ مصنف لوگ اپنی کتابوں پر جوانی کی تصاویر لگا کر جانے کس جذبے کی تسکین کرتے ہیں، واہ کیا خوب چوٹ کی گئی ہے۔ آخری ورق بھی اک عمدہ تحریر ہے، شروعات سنجیدہ ہے مگر اختتام مسکرانے پر مجبور کر دیتا ہے۔ اپنی طرز کی اک منفرد کہانی ہے۔

"اعتبار کا موسم" میاں بیوی کے رشتے پر لکھا گیا ایک بہت پیارا افسانہ ہے۔ خدا

کرے یہ اعتبار کا موسم سبھی کی زندگی میں سدا بہار رہے۔ آہ۔۔۔! کیسا دلسوز افسانہ ہے، واقعی اپنے بد دعا نہیں دیتے لیکن ٹوٹے دل سے آہ نکل ہی جاتی ہے۔

"آخری سورج"! آہ ایک بد بخت کی کہانی ہے۔ کون جانتا تھا کہ سال کا آخری سورج زندگی کا آخری سورج بن جائے گا۔ وہ ماں کب جانتی تھی کہ اس کی دعا اس طرح پوری ہو گی۔

"توبہ کے نفل" دیکھا و سمجھا جائے تو ہم سب کی کہانی ہے، ہم سب پر توبہ کے نفل واجب ہیں۔ چور رستہ بھی ایک منفرد افسانہ ہے، سب خواتین یہ تحریر اپنے رفیق حیات کو ضرور پڑھائیں۔

"ناولوں کی دنیا"، ناول کی رسیا تمام لڑکیوں کو ضرور پڑھنا چاہیے، حقیقی اور ناول کی دنیا کا فرق واضح رہے۔ خوابوں میں جینے والی لڑکیوں کے لیے حقیقت سے آگاہی ہے۔

روز محشر ایک بہت ہی زبردست افسانہ ہے، افسانچہ کہنا بے جا نہ ہو گا۔ "سونا آنگن "ایک بہت بڑا سبق لیے ہوئے ہے۔ کسی کی گود اجاڑ کر اپنا آنگن بسانا کبھی ممکن نہیں ہوتا۔ "توکل" کتاب کا آخری افسانہ، شروعات بہت پیاری ہے، پڑھتے پڑھتے دل ڈوبنا شروع ہو جاتا ہے اختتام پر نبیل پر ترس بھی آتا ہے اور غصہ بھی۔ کاش اس نے اپنے رب پر توکل کیا ہوتا۔

اس مجموعے کو سب رنگ افسانے کہا گیا ہے تو کچھ غلط نہیں کہا گیا، ایک سے بڑھ کر ایک افسانہ پڑھنے کو ملا۔ ہر افسانہ صرف پڑھنے کا نہیں ہے بلکہ پڑھ کر محسوس کرنے کا ہے۔ پندرہ افسانوں پر مشتمل بہت پیاری کتاب ہے۔ محمد شاہد محمود صاحب نے مہوش اسد شیخ کو منفرد اسلوب کی مصنفہ کہا ہے سو فیصد درست کہا۔ ان کا انداز تحریر الگ سا ہے۔ ان کی پہلی دو کتابیں پروفیسر بونگسٹائن اور مہر النساء دونوں میری لائبریری میں

موجود ہیں۔ کتاب "آئینے کے پار" پریس فار پیس فاؤنڈیشن جیسے معتبر ادارے سے اشاعت شدہ ہے۔ آپ بھی یہ کتاب حاصل کرنا چاہتے ہیں تو مصنفہ یا ادارے سے رابطہ کر سکتے ہیں

٭٭٭

گونگے لمحے (گفتگو کرتے ہیں): شفا چوہدری کے افسانے

قانتہ رابعہ

یہ کتاب ہے افسانوں کی جسے شفا چوہدری نے تحریر کیا ہے۔

اردو ادب میں نظم اور نثر دو اصناف ہیں باقی ساری انہی کی شاخیں اور شعبے ہیں جن میں سے ایک افسانہ ہے۔

افسانہ اگر تخیل کی پرواز ہو تو جتنا بھی دلپزیر انداز میں تحریر کیا گیا ہو بہر حال ،افسانہ ہی سمجھا جائے گا لیکن جب افسانے کے موضوعات ہمارے ارد گرد کے معاشرتی ،اور نفسیاتی مسائل ہوں تو افسانہ اپنی ہی کہانی اور داستان محسوس ہوتا ہے اور اسے قارئین کے سامنے پیش کرنے میں قدرت نے مصنف کو لفظوں پر قدرت کا ملکہ عطا کیا ہو، انداز دلنشین ہو، تحریر دلپزیر ہو، تو لفظ گونگے نہیں بولتے محسوس ہوتے ہیں آپ کی انگلی پکڑ کر آپ کے ہمسفر بن جاتے ہیں، آپ سے سرگوشیاں کرتے ہیں، ہنسنے کی بات ہو تو ان لفظوں سے قل قل کرتے قہقہے اور قلقاریاں سنائی دیتی ہیں دکھ کی بات ہو تو وہ لفظ آنسو بن جاتے ہیں، کسی کے راز کی بات ہو تو ہونٹوں پر انگلی رکھ کر ہش ہش کر کے چپ رہنے کا اشارہ کیا کرتے ہیں۔شفا چوہدری کے افسانوں کا مجموعہ گونگے لمحے بھی بولتے لفظوں کی جادوئی تھیلی ہے جس میں سے ہر کہانی الگ موضوع اور الگ انداز لئے ہوئے ہے۔

تھوڑا سا ہی سہی میرا تعلق بھی افسانوں کی دنیا سے ہے۔مجھے قلم سے افسانہ نگاری

کرتے ہوئے صرف قاری کے ہی نہیں قلم کے وقار اور جذبات کا خیال رکھنا ہوتا ہے۔ مجھے یہ لکھتے ہوئے بہت خوشی محسوس ہو رہی ہے کہ ایک مدت کے بعد مجھے ایسی منجھی ہوئی تحریر پڑھنے کا موقع ملا۔ جس میں بہت سے نازک موضوعات پر لکھتے ہوئے حد ادب کا خیال رکھا گیا۔ جنس اور جسم پر لکھتے ہوئے اندھا دھند،، حقیقت،، کا لیبل لگا کر وہ نہیں لکھا کہ سلیم الطبع فطرت کے مالک ابکائیاں لینے ہر مجبور ہو جائیں بلکہ ڈھکے چھپے انداز میں ان سنگین حالات کو بیان کر دیا گیا۔

میں نے کتاب شروع سے آخر تک مکمل مطالعہ کی ہے اور مجھے حیرت ہے کہ ہر دوسرے افسانے پر میری رائے بدلتی چلی گئی۔ شروع کے افسانوں میں وہ ایک علامتی افسانہ نگار محسوس ہوئیں جو استعاروں اور علامتوں کی زبان میں اپنا نقطہ نظر پیش کرتی ہیں ،بغاوت کرنے والوں کا انجام، اندھا کنواں، تتلیوں اور پرندوں کو استعارہ بناتی ہیں۔

لیکن اگلے افسانوں میں وہ ایک رجائیت پسند اور اندھیروں میں روشنی کی سفیر بن کر سامنے_ آتی ہیں۔-

ان سے اگلے افسانوں میں وہ زندگی کے معاشرتی مسائل، بھوک افلاس، یا پر تعیش زندگیوں میں جھانک کر مسائل کا ذکر کرتی ہیں تو یوں محسوس ہوتا ہے انہوں نے معاشرے کی نبض پر ہاتھ رکھ دیا ہے۔

،عکس کے اس پار،، خوشی اور تیسرا دن جیسے شاہکار افسانوں میں وہ حد درجہ حساس اور محبتوں سے گندھے رشتوں کی کہانی سناتی ہیں۔ چندو کا کردار وفا کی علامت بن جاتا ہے۔

قدرت نے شفا چوہدری کو لفظوں کے خوبصورت استعمال کا ملکہ بخشا ہے ہر افسانے میں دو چار دل قابو میں کر لینے والے فقرے پڑھنے کو ملتے ہیں تو روح سرشار ہو جاتی ہے

"خوابوں کی ست رنگی ڈولی میں بیٹھ کر،

قفل کے ٹوٹنے سے ہی انقلاب آتے ہیں

کچھ آلہ قتل ایسے ہوتے ہیں جو شفاف جھیل کو بھی میلا کر دیں"

جیسے بے شمار فقرے

جزئیات نگاری کے ساتھ منظر نگاری میں بھی شفا کا قلم طاق ہے۔

مادہ پرستی سے انسانیت کا سفر ہو بحیثیت ایک خاتون کے نسائیت سے بھرپور جذبات مصنفہ نے ہر موضوع کا حق ادا کیا ہے۔

وعظ و نصیحت اس انداز سے کرنا کہ دوسرا بیزار ہو جائے ناکامی کی دلیل ہے جبکہ ایک ادھ مختصر سی بات یا جملے میں پیغام پہنچا کر ایک کامیاب مبلغہ بننا کار دشوار ہے۔ ان کے بہت سے افسانے اور افسانچے یہی خوبصورتی لئے ہوئے ہیں مثلاً حاصل افسانہ میں صرف ایک فقرہ

،لکھیں وہ جو قاری کو پڑھنا چاہیئے نہ کہ وہ جو قاری پڑھنا چاہیئے،،

صرف ایک لفظ، کو، کے استعمال سے ابلاغ کا حق بخوبی ادا ہو گیا۔

ہمارے ہاں بیرون ممالک جانے والوں اور ان کے وہ عزیز جو دیس میں ہی ہوتے ہیں کے مسائل پر بے تحاشا لکھا گیا لیکن جس انداز سے ،افسانہ ،فیصلہ ،میں لکھا گیا اسے کسی تعریفی سند کے بغیر ہی بہترین قرار دیا جا سکتا ہے۔

نسوانی مسائل پر جس خوبی سے عورت لکھ سکتی ہے اس میں تو دو رائے ہے ہی نہیں لیکن یہ ثابت کرنا کہ عورت ممتا پر کوئی سمجھوتہ نہیں کرتی خواہ ازدواجی زندگی کی قربانی کیوں نہ دینا پڑے۔

ان کے ہاں عورت محبت اور ایثار کی پیکر ہے لیکن یہ محبت اولاد کے گرد دائروں میں

ہی گھومتی رہتی ہے۔ خواہ شوہر محبت کا کتنا ہی متقاضی کیوں نہ ہو۔

کچھ مسائل پر لکھنا بہت دل گردے کا کام ہے لیکن شفا چوہدری نے دشت حیات جیسے افسانے لکھ کر ثابت کر دیا کہ یہ جان جوکھوں کا کام بھی قلم کی زبان سے ادا کیا جا سکتا ہے۔

دشت حیات اس کی بہترین مثال ہے جو تا دیر قاری کو اپنی گرفت میں رکھتا ہے۔

مصنفہ بہترین نفسیات دان ہیں بلا شبہ وہی لکھاری کامیاب ثابت ہوا کرتا ہے جو قاری کو ساتھ لے کر اس کے اندر ایکسرے کر سکے

مسکراہٹ کا رنگ، خوابوں سے پرے بہترین مثال ہیں۔

شفا چوہدری محبت کا مفہوم بھی جانتی ہیں اس کے تقاضوں کا بھی علم رکھتی ہیں محبت کی بات ہو تو روٹھنے اور منانے کی بات نہ ہو یہ کیسے ممکن ہے افسانہ، تیسرا دن بہت کمال تفسیر ہے لیکن جب یہ محبت دل شکستگی کا باعث بن جائے، دل ٹوٹ جائیں تو غبارے جیسے افسانے میں اس کا تاثر اندر تک دکھی کر دیتا ہے۔

الغرض کوئی افسانہ محض صفحات کو سیاہ کرنے کے لیے نہیں لکھا بلکہ سچ بات یہ ہے کہ گونگے لمحے کی ہر تحریر بولتی ہے۔ کہیں مسائل کی چادر اوڑھ کر کہیں ناکام محبت اور کہیں نسائیت کے دکھ کی بکل مار کر۔

کتاب بہت عمدہ کاغذ پر ہے۔ فونٹ بھی باریک نہیں اور معروف افسانہ نگار نیلما ناھید درانی، ڈاکٹر نسترن احسن فتیحی اور زیب اذکار حسین کی خوبصورت آراء کے ساتھ پریس فار پیس فاؤنڈیشن کی طرف سے باذوق قاری کے لیے باعث مسرت بھی۔

***

ناول "لمحوں کی دھول" از رباب عائشہ

قانتہ رابعہ

"زندگی صرف ایک بار ملتی ہے کسی کے لیے یہ زہر کی مانند ہے اور کسی کے لیے تریاق،کامیاب ہے وہ جو دوسروں کی زندگی سے سبق سیکھتا ہے ناکامی کا ہو تو بچنے کی کوشش اور قابل رشک ہو،تو اسے اپنانے کی"۔

کسی بھی نامور شخصیت کی داستان حیات بالعموم اس کے مرنے کے بعد لکھی جاتی ہے لکھنے والا جو لکھتا ہے وہ سو فیصد ویسی نہیں ہوتی جو زندگی گزارنے والے نے گزاری انیس بیس کا فرق رہتا بھی ہے لیکن جو داستان حیات لکھنے والے نے خود لکھی وہ ایک فلم کرنے والے کیمرہ کی مانند ہوتی ہے جس سے بہت کچھ سیکھا جا سکتا ہے۔

میری رائے میں بہترین کتاب وہ ہے جو شروع کریں تو ادھوری چھوڑنا مشکل ہو جائے۔ کتاب ہاتھ سے رکھنا پڑے تو دھیان گیان اسی طرف رہے۔

میرے پاس بھی کسی ناول کے کرداروں سے مزین ،افسانوں جیسی دلچسپ اور کہانیوں جیسی سادگی لئے معروف خاتون صحافی کی آپ بیتی "لمحوں کی دھول" موجود ہے، جسے میں نے رمضان المبارک سے قبل کی بے پناہ مصروفیات کی وجہ سے سرسری دیکھ کر رکھنا چاہا تھا لیکن میں ایسے نہیں کر سکی۔

کتاب میں بیتے ہوئے دنوں کی کہانی اتنے سادہ اور دلچسپ انداز میں بیان کی گئی ہے

کہ قاری اس کے سحر میں گرفتار ہو جاتا ہے۔ راولپنڈی میں پرورش پانے اور روزنامہ جنگ سے اپنی ملازمت کا آغاز کرنے والی رباب عائشہ نے اپنے اردگرد جو دیکھا بلا کم و بیش لکھ کر اس دور کی تہذیب، روایات اور طور طریقوں کو ہمیشہ کے لئے محفوظ کر دیا ہے۔ محمود شام نے درست فرمایا کہ "رباب کی آپ بیتی پاکستان کی آپ بیتی ہے۔ ہم میں سے بہت سے لوگوں کے جذبات کی ہو بہو ترجمانی ہے۔"

اپنے خاندان کے تعارف میں رباب عائشہ نے اردو ادب کے بہت بڑے ادیبوں سے اپنی رشتہ داری ظاہر کی، الطاف فاطمہ، نشاط فاطمہ، ان کی والدہ کی خالہ زاد بہنیں ہیں تو سید رفیق حسین ان کی والدہ کے ماموں۔ اپنے شوہر اختر حسین رائے پوری کی سوانح عمری لکھنے والی حمیدہ اختر ان کی والدہ کی تایازاد بہن۔

ان کے علاوہ بھی بہت سے افراد انگریزی شاعری، ٹیلی ویژن ڈرامہ، ریڈیو پاکستان سے وابستہ رہے یوں "ایں خانہ ہمہ آفتاب است" کی مثال ان پر صد فیصد سچ ثابت ہوتی ہے۔

کتاب کیا ہے اک دبستان ہے پھولوں جیسے لوگوں کی خوشبو بھری یادوں کا، لیکن اصل میں کتاب ایک عورت کی جدوجہد کی وہ داستان ہے جس پر انہیں سلیوٹ پیش کرنا چاہیئے۔ ایک لڑکی دوران تعلیم ہی روزگار کے لئے کیسے کوششیں کرتی ہے۔ پاکستان کے سب سے بڑے صحافتی ادارے سے وابستہ ہوتی ہے وہاں پر سب کچھ پلیٹ میں رکھا نہیں ملا بلکہ راولپنڈی کے گلی کوچوں میں لوگوں کے مسائل تلاشی ہیں اس پر فیچر لکھتی ہیں کیسے ان کا کام پائہ تکمیل تک پہنچنے سے پہلے کن مراحل میں سے گزرتا ہے۔

کتاب کیا ہیرے موتیوں جیسی یادوں کا گلبن ہے، ہر یاد ایک الگ رنگ لیئے ہوئے۔ بہر حال یہ کتاب ہی ہے جو یہ ان نظریات کو غلط ثابت کرتی ہے کہ عورت صنف نازک

ہونے کے باوجود مردوں سے زیادہ بہادر ہوسکتی ہے وہ مشکل سے مشکل حالات ندی نالوں کی مانند رشتے نکالنے کا ہنر جانتی ہے۔مایوس کن حالات میں بھی امید کا چراغ روشن رکھتی ہے۔

مجھے اپنے لیے اس کتاب میں بہت اہم سبق ملے۔ میں نے جانا کہ عورت کو ملازمت کے لئے فولادی اعصاب کی ضرورت ہے۔مجھے معلوم ہوا، آگے بڑھنے کے جتنی بڑی رکاوٹیں آئیں بہر حال خدا پر اعتقاد ہی انہیں دور کرتا ہے۔

میرے علم میں اضافہ ہوا کہ ملازمت ختم بھی ہو جائے تو ہاتھ پر ہاتھ رکھ کر بیٹھے رہنے سے کچھ نہیں ہوتا۔سیدہ ہاجرہ کی طرح پتھریلی چٹانوں پر بھاگنا پڑتا ہے۔ رباب عائشہ کے لئے بھی جب زندگی پتھریلی ہوگئی تھی ،والدین جدا ہو چکے تھے تو انہوں نے بچوں کے لئے لکھنے ،کتب کی اشاعت انہیں بہت بڑے پیمانے پر سکولوں کے نصاب میں شامل کرنے کی کوشش کی اور ان کی سعی بار آور ہوئی ،ہزاروں کے حساب سے کتب کی ڈیمانڈ اور پسندیدگی نے ثابت کیا کہ دوسروں کے لئے مثال بننا مشکل ضرور ہے لیکن ناممکن نہیں۔

روزنامہ جنگ سے نوائے وقت کا سفر آسان نہیں تھا لیکن ہر طرح کے حالات میں ڈھال لینے کی خوبی نے اسے آسان بنایا۔

عورت کو ملازمت میں کن مسائل سے سامنا کرنا پڑتا ہے ،کے علاوہ رباب کی ملازمت فیچر رائٹنگ تھی جس میں انہوں نے خط غربت کے نیچے زندگی گزارنے والے انسانوں کے مسائل اور اشرافیہ کی زندگیوں کو دیکھا۔دوانتہاؤں میں لوگ کیسے زندگی بسر کرتے ہیں، اچھوتے واقعات کتاب میں کہانیوں کا رنگ بھرتے ہیں۔کتاب کے آخری باب میں تجسس بھی ہے اور، حیرت انگیز سچ بھی ،زندگی کے مختلف شعبوں سے تعلق

رکھنے والے لوگوں کے انٹرویوز میں چشم کشا قصے، کہیں کوئی منجم ہے تو کہیں بیکری والا کہیں فالج کا روحانی علاج تو کہیں کچھ بہرحال کتاب ان کی صحافتی زندگی کی ہی نہیں واقعی پاکستان سے تعلق رکھنے والی محب وطن افسانہ نگار کی داستان ہے جس کے نام میں لفظ "دھول" پر میں مترد د ہوں۔ دھول کی بجائے خوشبو، مہک کوئی بھی متبادل ہو سکتا تھا جو بھی ہو کتاب میں ایک سے بڑھ کر ایک رنگ ہے قصہ، کہانی، افسانہ، جسے پڑھ کر انسان بہت کچھ یاد کرتا ہے، رکتا ہے تائید کرتا ہے اور پاکستان کی عوام اور خواص دونوں کو مصنفہ کی آنکھ سے دیکھتا ہے۔ میں پریس فار پیس فاؤنڈیشن، پروفیسر ظفر اقبال صاحب اور مصنفہ کو مبارکباد پیش کرتی ہوں۔

۔ اردو ادب میں ایک عمدہ آپ بیتی اور بہترین انداز سے شائع ہونے والی کتاب کا اضافہ اردو ادب شیدائی کو بھی مبارک ہو

٭٭٭

قانتہ رابعہ کی کتاب: اک سفر جو تمام ہوا

مہوش اسد شیخ

پریس فار پیس نام ہے اعتماد کا۔ اس ادارے کی شائع کردہ کتب کی تو میں دیوانی ہوں، عمدہ کاغذ بہترین ڈیزائننگ، طباعت و اشاعت۔ اس کے علاوہ ان کی شائع کردہ کتب کا مواد بھی معیاری ہوتا ہے۔

"اک سفر جو تمام ہوا" قانتہ رابعہ ایک معروف مصنفہ کی نئی کتاب ہے جو حالیہ ہی پبلش ہوئی ہے۔ قانتہ رابعہ صاحبہ کا نام ہر ماہ بیشتر رسائل وڈائجسٹ میں دکھائی دیتا ہے، ماشااللہ اب تک ان کی دو درجن کتب شایع ہو چکی ہیں۔ کئی کتب پر مقالات لکھے جا چکے ہیں۔ بچپن میں بچوں سے اکثر پوچھا جاتا ہے آپ بڑے ہو کر کیا بنیں گے اگر آج کوئی مجھ سے یہ سوال کرے تو بے اختیار میرے منھ سے نکلے گا،" قانتہ رابعہ بنوں گی"۔ میں بھی ان کے طرح تسلسل سے اور بہترین لکھنا چاہتی ہوں۔ ایسا لگتا ہے وہ معاشرے کے ہر فرد کی نفسیات جانتی ہیں۔ سوچ پڑھنے کی ماہر ہیں۔

ان کی تحاریر ایسی ہوتی ہیں جیسے ہمیں گھریلو واقعات سنائے جا رہے ہو، متوسط طبقے کے مسائل بیان کیے جا رہے ہیں لیکن یکدم کسی نقطے پر کہانی شاندار افسانہ بن جاتی ہے۔ وہ معاشرے میں جابجا بکھرے واقعات سے کہانیاں کشید کر لینے کا ہنر رکھتی ہیں۔

میں پروفیسر خالدہ پروین سے متفق ہوں۔ وہ لکھتی ہیں "ایک نقطے یا ایک بات سے

کہانی کا تانا بانا تیار کر لینا مصنفہ کا کمال ہے۔ افسانوی مجموعہ میں موجود کہانیاں ہمارے ارد گرد معاشرے میں جابجا بکھری دکھائی دیتی ہیں جنھیں مصنفہ کے سادہ بیانیہ نے سہل ممتنع کی صنف سے متصف کر دیا ہے۔ پڑھ کر لگتا ہے ایسا افسانہ لکھنا تو بالکل بھی مشکل نہیں لیکن لکھنے پر آئیں تو قلم ساتھ نہ دے"۔

اس کتاب میں چوبیس معاشرتی افسانے موجود ہیں۔

سب سے پہلا افسانہ "زمانے کے انداز بدلے گئے" اپنی نوعیت کا ایک منفرد افسانہ ہے مختلف ادوار میں تربیت کا، نئی نسل کا موازنہ کیا گیا ہے۔ اس افسانے کی مختصر منظر نگاری خاصی متاثر کن ہے۔ سارا نقشہ آنکھوں کے سامنے کھنچ جاتا ہے۔

"چار دن کے فاصلے پر عید" رمضان کے حوالے سے، جذبہ ایمان کو ابھارتی ایک خوبصورت تحریر ہے۔ نوکری یا گھریلو مصروفیات کی آڑ میں روزے چھوڑ دینا بالکل بھی صحیح نہیں۔

"کہانی اشرف المخلوقات کی" میاں بیوی کے رشتے میں احساس پر لکھی گئی ایک بہت پیاری سی تحریر ہے۔ اس رشتے میں احساس بہت حساس پہلو ہے۔

"دل ویراں" عورت کے بننے سنورنے کے شوق پر لکھا گیا افسانہ ہے، عورت بھلے کسی بھی عمر کو پہنچ جائے مگر یہ شوق موجود رہتا ہے مگر یہ زمانہ... سمجھے تب ناں

"ممتا تو بس ماں کی ہے" اس کہانی نے تو رلا ہی دیا۔ اس تحریر کو پڑھ کر لگا جیسے نفیسہ بیگم خود قانتہ رابعہ ہی ہیں۔

"اب تماشہ دیکھ" چینل والوں پر گہری تنقید ہے جو ان مصیبت زدہ خواتین کو بھی دنیا والوں کے سامنے لا کھڑا کرتے ہیں جو اپنے گھروں میں پردے میں رہتی ہیں۔ سیلاب میں لٹ جانے والوں کو اپنے بے سروسامانی سے زیادہ اس بات کی پریشانی تھی کہ اب

چینل والے آئیں گے اور ان کی ویڈیو بنے گی۔
"دیسی گھی کا سبق"
بہترین مثال سے سبق دیا گیا، اتفاق سے آگے رمضان آ رہا ہے، یہ کہانی سبھی کو پڑھنی چاہیے۔
"صدقہ" "نوکروں کا حق مارنے والوں کے لیے بہترین کہانی ہے۔
"احساس" دوسروں کا احساس کرنے والوں کی شاندار کہانی ہے۔ جیسا کہ پہلے بھی لکھ چکی ہوں کہ مصنفہ کی کہانیاں ابتدا سے عام سی کہانی لگتی ہے لیکن آگے چل کر بہترین سبق آموز تحریر میں بدل جاتی ہے۔ یہ بھی عام ہر گھر کی کہانی جیسی تحریر تھی مگر سبق بہت خوب رہا۔ "عارضی ٹھکانہ" نے تو سوچ کے کئی دروا کر دیے۔ "یوٹرن" ان لڑکیوں کے لیے بہترین سبق ہے جن کی نئی نئی شادی ہوئی ہے یا ہونے والی ہے۔ "گھنا سایہ" باپ کی محبت کی خوبصورت کہانی ہے۔ "فالوورز کی دنیا" نے جھنجھوڑ کر رکھ دیا۔ "ایک سفر جو تمام ہوا"، "ولی"، "تقدیر"، "نسلوں کی آمین"، "اپنی نبیڑ تو"، "تو کیا ہوا"، "نیا ذائقہ"، "عام الحزن"، "اپنے من میں ڈوب کر" بھی شاندار کہانیاں تھیں۔
کچھ افسانے ایسے موضوعات پر مشتمل ہیں جن پر زیادہ لکھا نہیں جاتا یا کوئی قلم اٹھانا نہیں چاہتا لیکن ان کرداروں پر لکھے جانے کی ضرورت ہے۔ جیسے "زمین کے بوجھ"، "بھید" وغیرہ۔ بہترین افسانوی مجموعہ کی اشاعت پر ادارے اور مصنفہ دونوں کو ڈھیروں مبارک باد۔

***

"دھندلے عکس" ناول از کرن عباس کرن

پروفیسر خالدہ پروین

ناول "دھندلے عکس" میں رسیم، اسراء، نایاب اور غادہ کے باطنی سفر پر مشتمل محبت کی افزائش کی کہانی کے بیان کے دوران نہ صرف خود شناسی سے خدا شناسی کا سفر طے ہوتے دکھایا گیا ہے بلکہ اس راہ پر چلتے ہوئے راستے کی دھند اور کشمکش کی بہت عمدہ منظر کشی کی گئی ہے۔

ناول میں ایک مشکل موضوع جس کی خشکی بعض اوقات تحریر میں عدم دلچسپی کا باعث بن جاتی ہے کو مصنفہ کے خیالات کی روانی اور فن کارانہ مہارت نے شاہ کار کے درجے تک پہنچا دیا ہے۔

سرورق:

عنوان "دھندلے عکس" سے مناسبت رکھتا دھندلے نقوش پر مشتمل سرِورق کسی بھی ادب دوست شخصیت کے لیے دلچسپی اور کشش کا باعث ہے۔

انتساب:

انتساب کے لیے لکھی گئی تحریر:

اس عظیم تخلیق کار کے نام

جو اپنی تخلیقی صفت انسان کو سونپ

کر اسے عام سے خاص کر دیتا ہے۔

ویسے ہی

جیسے کوئی مصور

بے رنگ تصویر میں رنگ بھر کر

اس کی قیمت بڑھا دے۔

اور

الفاظ سے محبت کرنے والوں کے نام

نہ صرف مصنفہ کرن عباس کرن کی سوچ کی بلندی بلکہ ناول کے مواد کے معیار کی طرف بھی اشارہ ہے۔

تنقیدی آراء:

پروفیسر ظفر اقبال (لندن) کا کرن عباس کرن کا تعارف، پروفیسر ڈاکٹر عرشیہ جبین (حیدرآباد یونیورسٹی انڈیا)، مصنفہ اور ڈرامہ نگار رابعہ رزاق (راولا کوٹ، اسلام آباد)، ڈاکٹر عبدالکریم (مظفر آباد) اور جسٹس منظور حسین گیلانی کی تعریفی اور تنقیدی آراء ناول کے تعارف اور تفہیم کے علاوہ قاری کے لیے دلچسپی کا باعث ہیں۔

ناول دھندلے عکس کا فنی و فکری جائزہ:

پلاٹ:

فلیش بیک تکنیک کے تحت نایاب کی ڈائری میں موجود فلسفیانہ تحریر اور کردار رسیم کی خود کلامی سے آغاز لینے والے ناول کا پلاٹ اس قدر شان دار اور مربوط ہے کہ ناول کے اختتام پر کامیابی اور ایوارڈ کی تقریب میں اسراء اور رسیم کے کامیابی کے متعلق اظہارِ خیال تک کہیں بھی کوئی جھول دکھائی نہیں دیتا۔ کڑیوں کی مضبوطی کی بنا پر نہ صرف کہانی

دلچسپی اور تجسّس سے بھرپور آگے بڑھتی چلی جاتی ہے بلکہ اختتام پر ناول کے کرداروں کے ہم راہ قاری بھی اپنے آپ کو مطمئن اور منزل سے ہم کنار تصور کرتا ہے۔

ناول کے تین ابواب

حصہ اول۔۔۔مارچ2010

حصہ دوم۔۔۔2015

حصہ سوم۔۔۔2020

میں دراصل روحانی سفر کے تین مدارج کو بہت عمدگی سے پیش کیا گیا ہے جن سے گزرنے کے بعد کوئی بھی سالک (رسیم، نایاب اور اسراء) حقیقت شناسی کے مقام تک پہنچ پاتا ہے۔

پہلا حصہ۔۔۔۔اس کشمکش کا مظہر ہے جو کسی بھی سالک میں سفر سے پہلے پائی جاتی ہے جیسا کہ رسیم کی فلسفیانہ خود کلامی، نایاب کا خواب اور اسراء کی تنہائی۔

دوسرا حصہ۔۔۔اس روحانی سفر سے متعلقہ ہے جس سے گزرتے ہوئے رسیم، نایاب اور اسراء پر مختلف حقائق منکشف ہوتے ہیں۔

تیسرا حصہ۔۔۔کشمکش اور روحانی سفر کے بعد اس کامیابی کا مظہر ہے جس میں نہ صرف سالک وحشتوں کا صفایا کرتے ہوئے متوازن روپ میں سامنے آتا ہے بلکہ تمام دھندلے عکس واضح ہو جاتے ہیں۔

کردار نگاری:

ناول میں کرداروں کی بھرمار کے بجائے گنتی کے کردار نظر آتے ہیں جو دنیا کی نظروں سے اپنی شناخت چھپانے کے لیے کوشاں ہیں۔

ناول کے آغاز میں کی جانے والی فلسفیانہ خود کلامی اور کرداروں کی کشمکش ان کے

تعارف کے علاوہ باطنی سفر کا عمدہ اشارہ ثابت ہوتی ہے۔

رسیم کا کردار ایک مصور کا کردار ہے جس کے نزدیک:

"فن، فن کار کے انتہا کی پیداوار ہے"۔

جو زندگی میں وحشتوں کا شکار ہونے کی بنا پر کبھی خوابوں میں الجھا نظر آتا ہے تو کبھی دوسروں کے الفاظ اسے اس کی سوچ کی نفی کرتے دکھائی دیتے ہیں۔ جو مصوری صرف اپنی سوچ کے اظہار کے لیے کرتا ہے اور تصویروں میں اپنے خون سے رنگ بھرتا ہے۔ نایاب (مصنفہ اور شاعرہ) اس کی تخلیق کے ذریعے "مرضِ لا دوا" میں مبتلا ہو جاتی ہے جب کہ رسیم میوزیم میں موجود قدیم مصوری کے شاہکار کے ذریعے مصورہ غادہ کی حقیقت جاننے کے لیے بے چینی کا شکار دکھائی دیتا ہے۔ خواب میں ہونے والی روحانی ملاقاتیں نہ صرف غادہ کی حقیقت افشائی کا باعث ہیں بلکہ ان روحانی ملاقاتوں میں عصرِ حاضر کی غادہ (نایاب) کے وقت سے پہلے رخصت ہونے کی اطلاع بھی دی جاتی ہے۔ رسیم اپنی وحشتوں اور راہِ سلوک سے دوری کی بنا پر اس اشارے کو سمجھ نہیں پاتا لیکن نایاب کی ڈائری، رسیم کی طرف سے دیے گئے تحائف اور نایاب کی تحریریں (جو یہ کہہ کر دیے جاتے ہیں کہ یہ امانت ہے جسے نایاب نے آپ تک پہنچانے کا کہا تھا) رسیم کے دل و دماغ پر چھائی دھند کے چھٹنے کے ساتھ ساتھ منزل کو بھی واضح کر دیتے ہیں۔

نایاب کا کردار ایک خواب نگر کی لڑکی کا کردار ہے جو بارش، تتلیوں، پھولوں اور رنگوں کی دیوانی ہے۔ زندگی کے حسین رنگوں میں اپنی ذات کے رنگ بھرتی اپنے بلند عزائم اور زندہ دلی سے متاثر کرنے کی صلاحیت رکھتی ہے۔ اپنے جذبات، احساسات، خواہشات اور عزائم کو الفاظ کے ذریعے کبھی شعری روپ عطا کرتی ہے تو کبھی افسانے کا۔ جس کے نزدیک تخلیق، تخلیق کار تک پہنچنے کا ذریعہ ہے۔ یہی فکر اسے لا علاج مرض

میں مبتلا کر دیتی ہے۔ وہ دوسروں کی خوشی کے لیے برین ٹیومر کی بیماری کو چھپائے، درد کو برداشت کرتے حقیقی تخلیق کار سے جاملتی ہے۔

اسراء کا کردار ایک ایسی لڑکی کا کردار ہے جو باطن میں پوشیدہ سوالات:

میں کون ہوں؟

کیا ہوں؟

کیوں ہوں؟

میں الجھی تنہایوں میں جوابات کی متلاشی ہے۔ ماحول سے بے خبر تصورات میں اس قدر گم ہے کہ بامشکل بلاوا اور دستک اسے ظاہری دنیا میں لا پاتے ہیں۔ دانش ور بابا محمد علی کی راہنمائی میں کامیابی کا راز پاتے ہوئے تنہائی سے نکل کر متوازن روپ اور رویوں کا اظہار کرتی ہے۔ جہاں ایڈووکیٹ غضنفر (محبت کی طاقت دل میں سموئے) جیون ساتھی کے طور پر اس کا معاون ثابت ہوتا ہے۔

شام کے ایک شہر "تدمر پالمیرا" کے صحرا سے تعلق رکھنے والا ماضی بعید (1550) کا کردار غادہ پر اسرار شخصیت کی مالک اور حسن و نفاست کی بنا پر معروف ہونے کے باوجود سب کے لیے معما اور خوف کا باعث بنی ہوئی تھی۔ پر اسراریت کا باعث اس کی وہ خاص کیفیت تھی جس میں وہ بہترین تخلیقات تیار کرتی تھی جو اس کے تاجر خاندان کے لیے منفعت کا باعث تھیں۔ کیفیت کے عالم میں وہ صحرا کا رخ کرتی یا برگد کے پرانے درخت سے باتیں کرتی تھی۔ شادی کا ذکر جنون طاری کرنے کا سبب بنتا تھا۔ حکمران کی غادہ سے شادی کی خواہش اور دعوت کے بعد جنون کی کیفیت میں چٹان سے گر کر مر جاتی ہے۔ رسیم نے غادہ کے فن پارے کے ذریعے غادہ کی شخصیت تک کا سفر کیا تھا۔ بعد ازاں خواب میں آکر عہدِ حاضر کی غادہ (نایاب) کے دنیا سے جلدی جانے کی اطلاع دیتی رہی

لیکن رسیم اپنی وحشتوں کی بنا پر نہ سمجھ سکا۔ نایاب کی وفات کے بعد غادہ سے روحانی تعلق کو سمجھ پایا۔

اس کے علاوہ ثانیہ، عنزہ، اور ایڈووکیٹ غضنفر کے کردار معاون کردار کے طور پر سامنے آکر کہانی کو آگے بڑھاتے دکھائی دیتے ہیں۔ یہ کردار دوستی، ہمدردی اور محبت کی عمدہ مثال ہیں۔

بابا محمد علی کا کردار ایک راہنما کا کردار ہے جو اسراء کی شخصیت کو معرفت حقیقی کے لیے خدا کی راہ پر راضی رہنے کی راہ دکھاتے ہوئے اس کا رخ متوازن زندگی کی طرف موڑ دیتا ہے۔

"راضی بہ رضا لوگ وہ خوش قسمت ہوتے ہیں جو دنیا کے ساتھ اسے بھی پا لیتے ہیں۔ وہ خدا سے خدا نہیں اس کی رضا طلب کرتے ہیں، مگر خدا انھیں خود چُن لیتا ہے"۔

مکالمہ نگاری:

جیسا کہ ناول "دھندلے عکس" میں فلسفے، خیال اور خواب کا رنگ غالب ہے اسی طرح مختلف کرداروں کے مکالمے برجستہ حسبِ حال اور قال ہیں۔ اسراء کے مکالمے اس کی کشمکش کے عکاس ہیں تو بابا محمد علی کے روحانیت اور محبت کی ترسیل کرتے ہیں، رسیم کی گفتگو اس کی فن پاروں سے محبت کی عکاس ہے تو نایاب کے مکالمے معرفت کے مظہر ہیں۔، ثانیہ کے مکالمے معاون کا رنگ لیے ہوئے ہے تو عنزہ کے مکالمے محبت اور ہمدردی کے مظہر ہیں۔ غادہ کی ماں کی گفتگو تشویش کا اظہار کرتی ہے تو غادہ کے الفاظ کسی اور دنیا کا پتا دیتے ہیں۔ ایڈووکیٹ غضنفر کے جملے دل میں موجود محبت اور سپردگی کی علامت ہیں جبکہ حاکم کے الفاظ اپنائیت اور ملکیت کا مظہر ہیں۔

منظر نگاری:

ناول ہو یا افسانہ منظر نگاری تحریر میں جان کی حیثیت رکھتی ہے۔"دھندلے عکس" میں رسیم کی وحشت زدہ کیفیت کی عکاسی ہو یانایاب کی عنزہ اور رسیم سے ملاقات کی منظر نگاری، اسراء کی تنہائی کی منظر کشی ہو یا غضنفر کی بے خودی کا بیان، غادہ کی صحرا نوردی کا ذکر ہو یا جنون کے عالم میں چٹان کی طرف دوڑنے اور گرنے کا نظارہ ہر منظر واضح اور دل کو چھو لینے والا ہے۔

زبان و بیان:

موضوع کے بعد ناول کی انفرادیت اس کی زبان و بیان ہے۔ تصوف سے متعلقہ باطنی سفر پر مبنی گہری سوچ و خیال کی حامل کہانی کے لیے زبان کا فصیح و بلیغ اور بیان کا فلسفیانہ ہونا ضروری تھا۔ اس کے خواب، خیال اور خود کلامی کے اسلوب نے نہ صرف معنویت میں اضافہ کیا بلکہ موضوع اور، زبان و بیان کی مطابقت نے تخلیقی کاوش کو چار چاند لگا دیے ہیں۔

"دھندلے عکس" میں موجود تشبیہاتی اور استعاراتی انداز قاری کو تحریر میں گم ہو کر غور و فکر پر مجبور کر دیتا ہے۔

"لوگ کہتے ہیں، لبِ خاموش کی آرزوؤں، التجاؤں کو وقت کی ندی خاموشی سے بہا کر لے جاتی ہے۔ماضی کے سفر میں انسان ان آرزوؤں کے قدموں کے نشان ڈھونڈتا چلا جاتا ہے مگر وقت کی ندی کی خاموشی کی ریت کی تہیں بچھا کر دل و دماغ سے ہر نشان مٹا دینے کی کوشش کرتی ہے سو چند مدھم خیالات کے سوا کچھ نہیں بچتا"۔

تجسیم نگاری کا انداز مجرد خیالات کو دلچسپ اور تفہیم کو آسان بنا دیتا ہے۔ روح کے بے کراں دشت میں دیوانگی کا برہنہ پا رقص اب بھی جاری ہے"۔

موضوع سے مطابقت رکھتے فلسفیانہ جملے ناول کے معیار میں اضافے کا باعث ہیں۔

"محبت _ جس دل میں موجود ہو، وہ خدا کا راز داں بن جاتا ہے۔ خدا کا عشق اس کی منزل ٹھہرتی ہے۔ وہ بندوں کی محبت کے ذریعے اس لافانی محبت تک پہنچتا ہے اور منزل تک پہنچنے کے لیے وہ خود بھی محبت بن جاتا ہے"۔

"دل اور روح کی راہ ایک ہی ہے۔ بس دل ذرا انتہا پسند ہے۔ ہاں روح کا معاملہ جدا ہے۔ وہ میانہ رو ہے۔۔۔ دل اور دماغ تو بس اپنی محدود روشنیوں ہی میں کچھ دیکھ پاتے ہیں لیکن روح کی نظر میں بہت وسعت ہے۔ یوں سمجھو جس راہ پہ دل و دماغ کا اتفاق ہو جائے، وہی روح کی راہ کہلاتی ہے۔"

"دھندلے عکس" کے اسلوبِ بیان کا خاصہ اس کی تکنیک ہیں جو خواب، خیال اور خود کلامی کی صورت میں ابلاغ کو مؤثر بنانے کا ذریعہ ہے۔ تصوف کے موضوعات کی براہِ راست پیش کش تحریر کو غیر دلچسپ اور خشک بنا دیتی ہے جب کہ ناول کی ڈرامائی تکنیک تفہیم و تاثیر میں کئی گنا اضافے کا باعث ہے۔

مجموعی طور پر ایک منفرد تخلیقی کاوش جو موضوع، مواد اور ہیئت ہر لحاظ سے منفرد اور قابلِ تعریف ہے۔

اگرچہ "دھندلے عکس" مصنفہ کا پہلا ناول ہے لیکن معیار کے لحاظ سے کہنہ مشق مصنفین بھی اس کے مقابلہ کی تاب نہیں رکھتے۔ اللہ تعالیٰ مصنفہ کی تخلیقی صلاحیتوں کو جِلا بخشتے ہوئے مزید عروج اور کامیابیاں عطا فرمائے۔

* * *

کرن عباس کرن کا ناول دھندلے عکس

محمد شاہد محمود

ڈاک پر پابندی عائد ہونے کے باعث پاک وہند کے بیشتر ادباء اپنی تصانیف کا تبادلہ نہیں کر پاتے۔ کسی بھی ادیب کی تخلیقی صلاحیتیں، اس کا مرتب کردہ ادب، اس کی محبتیں... بالکل بادلوں، گھٹاؤں، پرندوں، تتلیوں اور جگنوؤں کی طرح ہیں۔ جو سرحدوں سے مبرا، بے لوث، ناآلودہ، پاک وصاف، محبت بھرے جذبات واحساسات کی علم بردار ہیں۔ ادارہ پریس فار پیس (یوکے) سے حال ہی میں تعارف ہوا۔ ادارہ پاکستان، بھارت اور انگلینڈ کے درمیان پل ثابت ہو رہا ہے۔ برطانیہ میں قائم ادارہ پریس فار پیس، بھارت اور پاکستان کے مابین تبادلہء تصانیف میں حائل مشکلات کا مداوا کر رہا ہے۔ یہ امر دل کشا ہے اور خوش آئند ہے۔

کرن عباس کرنؔ صاحبہ کا ناول دھندلے عکس پڑھنے کا موقع ملا۔ افسانہ نگاری، ناول نگاری اور کہانی نویسی میں فنِ مصوری سے مستعار لی گئی کئی ایک اصطلاحات موجود ہیں۔ مصوری کی فرانسیسی اصطلاح "مونتیج" عموماً فلم سازی اور ناول نگاری میں استعمال کی جاتی ہے۔ زیر نظر ناول مونتیج تکنیک کی مثال ہے۔ جبکہ ناول فلسفہ، نظریات، صوفی ازم اور روحانیت کا امتزاج ہے۔ تشبیہات کا استعمال سہل انداز میں خوبصورتی کے ساتھ اس طرح نظر آرہا ہے جو گراں نہیں گزر رہا۔

ناول کی ابتداء تقریباً سو اصفحات پر مشتمل فلیش بیک میں کی گئی ہے، یہ نومبر سن دو ہزار بیس کا دور ہے۔

ناول کا پہلا حصہ، یہ دور مارچ سن دو ہزار دس سے شروع ہو رہا ہے۔

ناول کا دوسرا حصہ سن دو ہزار پندرہ سے شروع کیا گیا ہے، اس بار مہینے کا نام نہیں لکھا گیا۔

ناول کا تیسرا حصہ سن دو ہزار بیس سے شروع کر کے ماضی کو حال سے ملایا گیا ہے۔ افسانوی اسلوب مد نظر رکھتے ہوئے ناول، من و عن طویل افسانہ نگاری بھی شمار کیا جا سکتا ہے۔

ناول پڑھنے کے دوران ہینری فیڈرک کا قول یاد آتا ہے:

"وہ شخص جس کے اندر اپنی کوئی دنیا نہیں بستی، وہ ماحول کا غلام ہے۔"

یہ ایسے ہی کرداروں کی کہانی ہے جو ماحول کے غلام نہیں ہیں۔ بلکہ ان کے اندر جہاں آباد ہیں۔

ایک اور نقطہ ء نظر سے دیکھا جائے تو ہر اک انسان ایک مکمل کائنات ہے۔ کچھ ایسے ہیں جو اپنی کائنات تسخیر کرنے میں سرگرداں دور نکل جاتے ہیں، تب مائیکل اینجلو جیسے لوگ جنم لیتے ہیں۔ مائیکل اینجیلو کسی بھی دور میں پیدا ہو سکتا ہے اور اپنے بنائے مجسمے کے پاؤں پر ہتھوڑا مار کر کہہ سکتا ہے کہ بول، بولتا کیوں نہیں؟

بارش کسی جان ہے تو کسی کے لیے وبالِ جان ہے۔ کہانی اسی منظر کے ساتھ شروع کی گئی ہے۔ اسراء ایسا کردار ہے جسے پکار کر یا دستک دے کر متوجہ کیا جا سکتا بصورت دیگر وہ خیالات میں کھوئی رہتی ہے۔ دیگر فلسفوں کے ہمراہ صفحہ اڑتیس پر الفاظ کا فلسفہ خوبصورت ہے، بلا شبہ الفاظ اثر انداز ہوتے ہیں۔ الفاظ گالی کی شکل میں ہوں تو غصہ

دلاتے ہیں، سریلے گیت کی صورت میں الفاظ جھومنے پر مجبور کرتے ہیں، اظہار رائے الفاظ کی محتاج ہے۔ الفاظ شادی کے وقت دو لوگوں کو رشتہء ازدواج میں جوڑتے ہیں تو طلاق بھی الفاظ کی مرہونِ منت ہے۔ جو رشتے یا لوگ الفاظ کے محتاج نہیں ہیں، الفاظ ان کا کچھ نہیں بگاڑ سکتے۔ کہانی میں زخمی پرندے کی مذکورہ پینٹنگ ایک فرضی فرشتے کی علامت ہے۔ اس فرضی فرشتے کے نام مختلف عقائد کے مطابق مختلف ہیں۔ لیکن لفظی اصطلاح "گراہوا فرشتہ" کی ہے۔ بطور سزا اس فرشتے کے پر نوچ لئے گئے تھے۔ کتاب دی سیکریٹ دنیا کی بیسٹ سیلر بک ہے، رہونڈا بیرن کی کتاب دی سیکریٹ میں لہروں اور سوچ پر بات کی ہے اور سائنٹفکلی ثابت کیا گیا ہے۔ زیر نظر ناول میں اسی طرح کی مثبت باتیں پڑھی جاسکتی ہیں۔

صفحہ اکتالیس پر لکھا ہے:

انسان زمین پہ خدا کا خلیفہ ہے۔ ہر انسان کو اللہ نے اپنی کسی نہ کسی صفت سے نوازا ہے۔

نائب اسے مقرر کیا جاتا ہے جس میں بادشاہ کی تمام صفات پائی جائیں، نا کہ رعایا سے ایسے الگ الگ لوگ ڈھونڈ کر نائب مقرر کئے جاتے ہیں کہ جن میں بادشاہ کی کوئی نہ کوئی صفت موجود ہو۔ ہر انسان اللہ کا نائب مقرر ہے۔ لہٰذا ہر انسان میں وہی صلاحیتیں ہیں جو خالق میں ہیں۔ یہی بات درجِ بالا جملوں سے قبل کچھ یوں لکھی گئی ہے کہ دنیا کے بیشتر انسان اپنی پہچان نہیں کر پاتے، عین بمطابق ہے یعنی صفات کا ہونا لیکن پہچان نہ پانا یا صفات کے الٹ چلنا ہے۔ پہلے حصے کے اختتام پر اور اس کے بعد کرن عباس کرنؔ صاحبہ نے شاعرانہ ذوق کا اظہار بھی کیا ہے۔

ایک مختصر پیراگراف نقل کرنا چاہوں گا، دوسرا حصہ صفحہ باسٹھ:

"ان کے گھر میں ہر ہفتے ایک نشست رکھی جاتی، جس میں وہ روح کے رازیوں کھول کر بیان کرتے کہ جو بھی آتا سیر ہوئے بغیر نہ جاتا۔"

ناول میں شامل خطوط اور پلاٹ میں ایک مزید کہانی جو سن پندرہ سو پچاس کے پس منظر میں ہے، دلچسپی کا باعث بن رہی ہے۔ سیکڑوں برس قبل کی ایک لڑکی کا حالیہ دور میں آکر خوابوں میں ملنا ناول کا خاصہ ہے۔ ناول میں ایک لڑکی کے انتقال بعد اس کی ڈائری پڑھی گئی ہے۔ ڈائری کی کہانی بظاہر الگ ہے لیکن دو کہانیاں آپس میں ملا رہی ہے۔ ناول شب دیگ کی طرح ہے جو دھیمی آنچ پر ساری رات رکھی جاتی ہے۔ ناول اس خمار کی طرح ہے جو دھیرے دھیرے چڑھتا ہے۔ زمانہ حال میں موجود دو لوگ ایک ہی ہال میں تھے، لیکن ان کے درمیان فاصلہ سات سو سال کا تھا۔ ناول کا پلاٹ بظاہر دس برسوں کا احاطہ کر رہا ہے لیکن صدیوں پر محیط ہے۔ کرن عباس کرنؔ صاحبہ اور آپ کے تخلیقی سفر کے لئے نیک خواہشات۔

* * *